마녀 프레임

마녀는 어떻게 만들어지는가

마녀 프레임

마녀는 어떻게
만들어지는가

이택광 지음

자음과모음

개정판 서문

이 책을 출간하고 벌써 10년이 흘렀다. 세월의 먼지에 묻혀 사라져야 할 책을 재출간한다는 것은 웬만한 용기가 아니면 불가능한 일이지만, 개정판을 내기 위해 원고를 다시 읽어보면서 10년 전 책에서 다루었던 주제가 여전히 오늘에도 유효하다는 사실을 새삼 확인할 수 있었다. 분명 과거보다 우리 사회는 더 발전한 것처럼 보이지만, 그럼에도 여전히 마녀는 사라지지 않았다. 아니 오히려 그 마녀의 모습은 더 다양한 형상으로 계속해서 출몰하고 있다는 점에서 "마녀 프레임"을 다시 숙고해볼 필요가 있는 것이다.

이 책이 애초에 다루고자 했던 문제는 마녀 자체라기보다 그 마녀를 척결해야 할 대상으로 만들어내는 프레임이었다. 마녀는 고대 신화나 종교에서도 빈번하게 등장하는 존재였고, 어떤 의미에서 마녀의 역할은 인류 역사에서 간과할 수 없는 중요한 유산이기도 했다. 이렇게 아무런 문제 없이 공존할 수 있었던 마녀가 갑자기 악마와 거래하는 은밀한 쾌락의 상징으로 바뀐 것은 분명 상징적인 사건이다. 일반적인 믿음과 달리 마녀는 미개한 계몽 이전의 믿음 때문에 발생한 것이 아니라, 오히려 근대의 등장과 함께 출현한 것이라는 생각이 이 책을 관통하는 요지다. 이 책에서 나름 독창적인 부분을 제시하라면 바로 인쇄술의 발명과 함께 마녀사냥이 가속화했음을 밝힌 내용이라고 할 수 있겠다.

계몽이 부족해서 마녀사냥이 일어난 것이 아니라, 오히려 그 계몽의 산물인 지식의 확립과 인쇄술의 발전 때문에 마녀사냥이 국지성을 벗어나서 유럽과 미주로 퍼져 나갈 수 있었다. 이 지식과 인쇄술의 결합은 다름 아닌 미디어를 통한 민족국가의 재현으로 이어진다. 우리는 개인으로서 결코 민족 전체 구성원을 만날 수 없다. 나는 한국인이지만 결코 모든 한국인을 일일이 만나서 내가 한국인임을 확인할 수 없다. 내가 한국인이라는 명명은 선험적으로 주어지는 것이고, 개인으로서 나는 특정한 체험을 통해 그 민족이라는 전체의 경험을 완성하는 것이다. 마녀사냥은 이처럼 근대 민족국가의 형성 과정에서 민족국가의 재현을 방해하거나 위협하는 존재를 제거하는 과정에서 나타난 현상이었다.

마녀는 이 민족국가에 포함할 수 없는 수상한 존재였던 것이다.

마녀사냥의 광기를 잠재운 것은 계몽을 통한 교화가 아니라 사법제도의 입증주의였다. 존재하지 않는 마녀를 입증한다는 것은 불가능했기 때문에 누군가를 마녀로 몰아서 살해한 뒤에 정당한 증거를 제시할 수 없었던 것이다. 이처럼 마녀사냥의 발생과 그 종결은 합리적으로 매끈하게 보이는 민족국가라는 것이 역사적으로 우연히 이데올로기적으로 형성된 산물이라는 진실을 드러낸다. 2023년 이 책의 개정판을 출간하는 까닭도 이런 마녀사냥의 보편성 때문이다. 마녀사냥은 유럽이라는 특수한 지역에서 발생한 비극적 사건이기도 하지만, 오늘날도 여전히 유효한 근대라는 보편성의 양상이기도 하다. "마녀 프레임"이라는 개념은 이 보편성을 설명하기 위한 방법론적인 프리즘이다. 이 책이 다시 독자를 만날 수 있도록 개정판 출간을 결정한 자음과모음 출판사에 감사드린다. 아무쪼록 이 책이 2023년의 독자들을 새롭게 만나서 여전히 우리를 옥죄고 있는 "마녀 프레임"을 해체하는 데 도움을 주었으면 한다.

2023년 2월

저자 쓰다

이 볼품없는 놈 — 그의 어미는 마녀였지요*

마녀사냥에 대한 역사나 마녀가 보이는 특징을 다루는 것이 아니라 어디까지나 마녀를 만들어내는 원리에 대해 이야기하고자 이 책을 시작했다. 따라서 논의는 마녀 자체보다는 마녀사냥을 중심으로 할 것이다. 마녀사냥에 대해서는 다양한 접근이 가능하다. 인권학자들은 무지몽매한 광기에서 나온 것으로 볼 것이며 페미니스트는 여성을 비하하고 압박했던 가부장적 남성주의가 초래한 사건으로 판단할 것이다. 또 계몽주의자는 마녀사냥을 전근대적인 미신이 낳은 재난 상황으로 볼 것이다.

그러나 나는 이 책을 마녀사냥이라는 역사적 사건 자체에 대한 규명보다는 그것을 가능하게 한 원인을 해명하기 위해 집

---

* 윌리엄 셰익스피어, 『템페스트』, 이경식 옮김, 문학동네, 2009, 5막 1장.

필했다. 마녀가 무엇 때문에 그리고 어떻게 만들어진 것인지 살펴보는 것이 이 책을 쓰게 된 동기다.

나는 마녀를 만들어내는 원리, 다시 말해서 '마녀 프레임 framing a witch'에 대한 분석을 하고자 했다. '프레임'이라는 단어는 프레임 이론framing theory에서 사용하는 용어법을 응용한 것이다. 프레임 이론은 특정 대상을 제시하는 방식이 우리가 취하는 선택을 어떻게 좌지우지하는지 설명해준다. 우리 선택이나 판단은 프레임에 따를 뿐 이성에 준하지 않는다는 말이다. 프레임 이론은 이성적 선택 이론rational choice theory에 도전하는 새로운 관점이다.

이성적 선택 이론에 따르면 우리는 항상 가장 이성적인 선택을 할 수 있다. 동일한 데이터가 주어질 경우 동일한 선택을 할 수 있다는 것이다. 그러나 프레임 이론은 이런 주장을 반박한다. 그 근거는 1981년에 아모스 트버스키Amos Tversky와 다니엘 캐너맨Daniel Kahneman의 실험을 통해 알 수 있다. 이들은 동일한 결과라도 그것에 대해 긍정적인 표현과 부정적인 표현을 사용했을 때 전혀 다른 결정을 이끌어낸다는 것을 증명했다. 같은 문제를 다른 방식으로 제시했을 때 다르게 해석된다는 사실을 보여주었던 것이다. 예를 들어 이런 내용이었다. 미국에서 아시아로부터 전해온 질병이 발생한다면 600명이 죽을 것이라고 전제하면서 두 가지 해결책을 학생들에게 제안해 하나를 선택하게 한다. 첫 번째 그룹에게 준 선택지는 다음 두 가지였다.

A : 200명을 구할 수 있다.
B : 600명 중 3분의 1이라는 확률로 모두를 구할 수 있다. 그리고 3분의 2라는 확률로 아무도 구할 수 없을 것이다.

A는 확실한 결과를 예측할 수 있는 반면 B는 결과를 예측하기 어렵기 때문에 응답자 중 72%가 A를 선택했다.
한편 두 번째 그룹에게는 다음의 두 가지 선택지를 주었다.

C : 400명이 죽을 것이다.
D : 3분의 1이라는 확률로 아무도 죽지 않을 것이고 3분의 2라는 확률로 모두 죽을 것이다.

흥미롭게도 이 선택지에서 응답자 중 78%가 D를 선택했다. 결과는 다르게 나왔지만 가만히 따져보면 A와 C 조합과

B와 D 조합은 사실상 같은 내용이다. 제시 방식에 따라 선호도가 역전된 것이다. 이런 결과가 바로 프레임 이론을 뒷받침하는 근거다.

프레임 이론에 근거해서 미국 UC버클리 교수인 조지 레이코프George Lakoff는 의사소통 자체를 프레임과 떼려야 뗄 수 없는 관계로 파악한다. 프레임이 없는 의사소통은 불가능하다는 것이다. 이렇게 의사소통을 구성하는 프레임은 메시지, 청중, 메신저, 매체, 이미지, 맥락, 여기에 덧붙여 가장 중요한 수준이 높은 도덕적 프레임들이다. 도덕적 프레임을 만들어내는 것이 바로 개념이고 도덕적 프레임들은 개념을 설정하는 순간 작동하기 시작한다. 언어를 선택하는 것이야말로 이 과정에서 필수적인 요소다. 특정한 개념을 선취하는 순간 도덕적 우위를 점하게 된다는 것이 레이코프가 펼치는 주장이다.

한번 만들어진 프레임은 반복적으로 활용되면서 인식 체계를 구성한다. 단시간에 프레임이 무엇인가를 만들어내지는 않지만 시간이 흐를수록 프레임이 더욱 체계화되는 것이다. 마녀사냥 과정은 이런 프레임 이론을 통해 훌륭하게 설명할 수 있다.

처음부터 마녀가 '사냥' 대상이었던 것은 아니다. 차후에 논의하겠지만 마녀는 기독교 성서에서도 우호적으로 묘사했을 정도이다. 그런데 갑자기 마녀가 신앙을 해치고 공동체에 해악을 끼치는 악이 현현한 화신이라는 비난을 받기 시작했다. 인간 한계를 초월하는 능력을 가진 신비로운 존재였던 마녀가 졸지에 악마와 놀아나는 원천적인 해악으로 받아들여졌다. 마녀를 새롭게 규정했던 개념과 도덕적 프레임이 작동하면서 벌어진 전무후무한 일들이 내가 이 책에서 다루고자 하는 핵심이다.

마녀 프레임을 작동시킨 방아쇠가 바로『마녀의 해머*Malleus Maleficarum*』였다는 것은 역사적인 사실이지만 또한 '인쇄술의 발명'이 그 결정적인 계기였다는 것은 부정하기 어렵다.

마녀 프레임은 근대 매체 등장과 밀접한 관련성이 있다. 매체는 주체성 구성과 연결되어 있다. 그러므로 근대 주체성 탄생이 인쇄술이라는 새로운 매체 출현을 통해 가속화되었던 것이다. 이는 한편으로 '독서'라는 행위가 근대 주체성을 논할 때 빼놓을 수 없는 중요한 현상임을 보여주기도 한다. 물론 '독서' 자체가 어떠한 근대성을 구현한다고는 말할 수 없다. 단 인쇄술이 발명되면서 과거에 비해 훨씬 많은 이가 값싸게 책을 구입할 수 있게 되었다는 사실이 중요하다. '독서'와 관련한 흥미로운 저작들을 쓴 알베르토 망구엘[Alberto Manguel]은 다음과 같이 말하고 있다.

고대 로마 시대나 중세 초기에 서적상들과 출판업자들은 거래할 상품으로서 책을 생산했지만 비용이 매우 높고 생산 자체가 극히 드물다 보니 책을 소유한 독서가는 뭔가 독특한 것을 가졌다는 특권 의식을 품었다. 그러던 것이 인류 역사상 처음으로 구텐베르크 이후 수백 명의 독서가들이 똑같은 책을 소유할 수 있게 되었으며 (한 사람의 독서가가 책에 사사로운 표시를 하고 개인적인 역사를 불어넣을 때까지) 마드리드의 어느 누군가에게 읽혀진 책은 몽펠리에의 어느 누군가에게 읽혀지는 책과 똑같은 것이었다.*

이 진술에서 주목할 것은 똑같은 책을 누구나 읽을 수 있게 되었다는 새로운 조건이다. 독서 행위가 균질해졌다는 사실이야말로 마녀 프레임을 만든 결정적인 원인이다. 인쇄술 발명을 통해 레이코프가 말하는 프레임 설정 요소가 충족된 것이기도

*   알베르토 망구엘, 『독서의 역사』, 정명진 옮김, 세종서적, 2000, 205쪽.

하다. 초기 인쇄술이 만들어낸 이 조건은 오늘날 우리가 살아가고 있는 이 세계를 구성해온 원천이며 이런 맥락에서 우리는 마녀 프레임을 특정 시기에 한정해서 이해할 수 있다.

마녀 프레임은 근대성의 구성 원리로 이해할 수 있다. 역사적인 의미에서 마녀라는 개념이나 마녀사냥은 사라졌지만 마녀를 만들어내고 마녀사냥을 추동했던 프레임은 여전히 남아서 작동하고 있다. 근대 국가를 지탱하는 논리 자체가 마녀 프레임과 밀접하게 관련을 맺고 있을지도 모른다. 마녀 프레임은 특정 대상을 규정하는 방식으로 항상 근대 국가를 이루는 논리에 내재해 있다.

근대 국가에서는 한때는 적이었다가 갑자기 동지가 되는 일이 비일비재하게 일어난다. 프레임이 변화하면 동일한 대상도 다르게 보이도록 만들어서 과거에 내린 결정이 한순간에 뒤집힌다. 마녀는 이 과정에서 만들어지는 희생양이다.

한국 같은 경우 '인터넷 마녀사냥'에서 마녀 프레임이 존재함을 증명할 수 있다. 살펴본 바에 따르면 마녀 프레임은 특정 대상을 마녀로 지정하는 언어 선택 방식이다. 이 방식을 통해 개념과 도덕에서 우위성을 확보하게 된다. 마녀사냥은 전적으로 언어 선택을 통해 발생한 사건이고 사법 체계 언어가 등장함으로써 종식되었다. 법에서 언어는 '정의'를 지향하는 것으로 불편부당한 중립성을 설정한다. 그러므로 중립적인 법적 언어야말로 마녀 프레임을 제약할 수 있다. 사법 체계가 중립성을 지키지 못할 때 다시 말해 정의가 차지하는 영역을 설정해주지 못할 때 마녀 프레임은 본격적으로 작동되며 마녀사냥이 도처에서 일어난다.

마녀 프레임은 박물관에 남겨진 유물이라기보다 지금 현재진행형으로 우리 곁에서 의사소통에 간섭하는 요소다. 마녀 프레임은 정치적 성향이나 이념을 넘어서서 작동한다는 특징이 있다. 자기 의사에 반하면 마녀로 낙인찍어서 사냥을 벌이려는 시도는 오늘날에도 지속적으로 일어나는 것이다. 배제를 위한 논리가 마녀 프레임을 이루는 핵심이다.

나는 이 책에서 마녀와 마녀사냥이라는 구체적인 사례를 통해 근대 국가를 이해할 수 있는 일반 이론을 모색해보고자 했다. 마녀사냥에 대한 관심은 근대 국가에 대한 질문으로 이어지면서 자연스럽게 역사학적 범위를 벗어나게 된다. 마녀라는 개념은 더 이상 유효하지 않지만 마녀를 만들어냈던 프레임은 여전히 남아 있다. 책을 쓴 취지도 그 원리에 대해 진지하게 고민해보기 위함이었다.

이 책이 세상에 나오도록 애쓴 모든 분에게 감사한다. 졸고를 다듬어서 책 모양새를 만들어준 강병철 사장과 자음과모음 인문 편집부에 고마움을 전한다.

2013년 1월

저자 쓰다

1
마녀사냥과
인쇄술

마녀와 마법

14세기에서 17세기에 걸쳐 서양에서는 기묘한 사건이 일어났다. 역사가들 가운데 여전히 논란이 되고 있는 이 사건을 우리는 '마녀사냥witch hunt'이라고 부른다.* 마녀사냥을 둘러싼 여러 가지 문제의식은 오늘날까지도 주요한 논점이다. 마녀사냥에 얽힌 의문점은 다양하다. 먼저 왜 하필 마녀사냥이 14세기에 발생했는지 그 이유에 대한 논란이다. 그리고 또 이렇게 발생

---

* 역사가들은 이 사건을 마녀사냥이라고 지칭하지 않고 '마녀 광기witch craze'라고 혼용해서 부른다. '마녀 광기'라는 말은 '마녀라는 기표를 둘러싼 집단적 광기'라는 의미에서 이 사건을 객관화하기 위한 용어법이다.

한 마녀사냥이 15세기와 17세기에 걸쳐 전 유럽으로 확산된 것도 흥미로운 일이다. 더불어 이 시기에 어째서 갑자기 마법에 대한 관심이 고조되었으며 마녀들이 진실한 기독교에 반하는 적으로 취급되었는지 역시 주목할 만하다. 이런 생각은 막연히 정서적인 차원에서 그친 것이 아니라 구체적으로 실제 여성들을 마녀라고 지목하고 처형하는 단계까지 발전했는데 우리는 이 또한 살펴볼 필요가 있다. 마지막으로 이런 의혹이 왜 특별히 '마녀'에 집중되었는지 다시 말해 그 누구도 아닌 왜 여성들이 '검은 마법'을 행사하는 이로 인식되었는지 분석해 보아야 한다.

이런 이유에서 지금까지 마녀사냥이라는 주제는 역사학이나 문화 인류학, 여성학에서 중요한 논란거리를 제공했다. 마녀사냥은 유럽에 국한해 일어난 특이 현상이 아니다. 미국이나 아프리카에서도 마녀사냥에 해당하는 사례는 많다. 게다가 어느 시기를 못 박아서 마녀사냥을 한정하기란 힘들다. 앞으로도 논의하겠지만 마녀사냥이 특정한 시기에 발생한 서구적 사건이었음에도 마녀사냥을 가능하게 한 논리는 오늘날에도 찾아볼 수 있다. 따라서 우리는 마녀사냥을 특정 시기에 발생한 역사적 사건이라는 차원을 넘어서서 사회 정치적 문제를 해명할 수 있는 중요한 문화 현상으로 파악해야만 한다. 유럽에서 마녀사냥은 가톨릭교회의 권위에 심대한 도전이 있던 시기에 발생했다. 특히 이런 과정을 통해 도미니크회와 종교 재판소가 가톨릭교회 전체에 헤게모니를 장악했다는 사실 역시 의미심장하다. 도미니크회는 13세기에 성 도미니크가 설립한 강경파로 영국에서는 자코뱅으로 불리는 종파다.

체제에 위기 국면이 오면 언제나 이념으로 똘똘 뭉친 결사체가 나타나게 마련이다. 반대로 말하면 근본주의 창궐은 특정 체제에 위기가 닥쳤음을 지시하는 증상이라고 볼 수 있다. 이런 관점에서 마녀사냥은 중세 가톨릭교회와 신앙심이 맞이한 위기를 드러내는 사건이라고 파악해야 한다. 무엇보다도 여기에서 빼놓을 수 없는 것이 바로 중세적 세계관의 붕괴이다. 종교를 중심으로 세계를 이해하던 방식에 갑작스럽게 균열이 발생했고 이에 따라 위기감이 고조한 것이다. 중세적 세계관이 종언을 맞이했다는 사실은 곧 인식 체계가 변화하였으며 지식 생산 방식이 전환된 것을 의미한다. 중세적 인식 체계에서 핵심은 위계와 상징이었지만 이제 그러한 것들에는 아무런 의미도 없었다. 중세에 위계를 구성하던 계급은 크게 왕과 수사 그리고 기사였다. 그리고 중대한 정치적 사안을 결정할 때는 항상 로마 교황에게 간섭을 받아야 했다. 대략적인 중세 세력 관계는 다음과 같은 정치 구도에서 형성되었다.

중세 시대에는 일반적인 정치적 사안을 결정할 때 적어도 세 개의 세력이 항상 관여했다. 첫 번째 세력은 왕이었다. 왕은 자신의 종신들과 치열한 공방을 벌여 자신의 주장을 관철시킴으로서 자신이 중심 세력임을 인정받고 싶어 했다. 그러나 종신들과 서로 뺏고 빼앗기는 공방을 벌인다고 해도 종신들을 위협하는 행위를 해서는 안 되었다. 무력 충돌이 일어났을 때 왕의 직속 군대로는 역부족이었기 때문에, 종신들의 군사적 지원이 필요했던 것이다. 종신들도 자신의 세력권을 갖고자 오랫동안 우위 경쟁을 벌였다. 이들은 자신의 종족을 대변하면서 자신의 특권을 지키고자 했다 (……) 이와 달리 세 번째 세력은 이들 두 세력 배후에서 활동을 펼쳤다. 교회의 대변인인 주교와 대수도원장이 바로 그들이다. 이들보다 우위에 있는 세력은 바로 교황이었다. 교황은 멀리 떨어져 있는 로마에 거주했지만 왕들이 황제에 등극하기 위해서는 교황에게 종속되어 있을 수밖에 없었다.*

이처럼 중세 위계 구조는 나름대로 세력 균형에 바탕을 두고 유지되었다. 요한 하위징아^{Johan Huizinga}에 따르면 중세적 세계관에서 중심을 이루는 것은 곧 질서였다. 지금보다도 삶은 빡빡하고 단조로웠지만 중세인들에게 세계는 신의 섭리에 따라 한 치의 오차도 없이 움직이는 시계 톱니바퀴 같은 것이었다.** 현실이 이러하니 사람들은 꿈을 꿀 수밖에 없다. 그것도 기독교라는 종교적 교리에 맞는 꿈을 말이다. 이런 까닭에 중세에서 제일 중요한 가치는 신에게서 온 신비를 체험하는 것이었다. 그 외에 일상적인 일들, 예를 들어 여행을 가거나 노동을 하거나 누구를 찾아가는 일 따위는 사소한 일에 속했다. 그러나 사소하다는 것은 또한 위험을 감수하는 일이기도 했다. 그렇기 때문에 중세인들은 이런 일들을 할 때에도 종교적인 축복이나 기원을 빠뜨리지 않았다.

이들에게 일상이란 기독교라는 종교적 믿음을 축으로 돌아갔다. 교회 타종에 맞추어 일사불란하게 기도하고 일하고 잠자리에 들었다. 중세에 닥친 위기라는 것, 또는 중세적 인식 체계

---

*   만프레트 라이츠, 『중세 산책』, 이현정 옮김, 프래닛미디어, 2006, 46쪽.
**   Johan Huizinga, *The Autumn of the Middle Ages*, tr. Rodney J. Payton and Urlich Mammitzch, Chicago: U of Chicago P, 1996, p. 1.

가 무너진다는 것은 이런 질서를 더는 유지할 수 없는 상황을 뜻했다. 중세인들에게 근대는 프랑켄슈타인 박사가 만든 괴물 같았다. 메리 셸리Mary Shelley는『프랑켄슈타인Frankenstein』에서 더 이상 종교적 신앙에 몸을 맡기지 않는 인물들을 등장시킨다. 북극으로 탐험을 떠나는 로버트 월턴Robert Walton을 지배하는 것은 "전인미답의 땅을 밟고자 하는" 욕망이다.* 이 욕망은 누구도 간섭할 수 없는 자기 충족적 충동을 내포하고 있다. 이 세계는 중세가 남긴 흔적을 포함하면서도 더 이상 중세적 질서를 확인할 수 없는 분주한 세계다. 이 세계는 피테르 브뢰헬Pieter Bruegel의 그림에 등장하는 바로 그곳이다. 브뢰헬이 그린 〈베들레헴의 인구조사〉는 중세가 맞이한 균열과 함께 출현한 새로운 세계를 마치 영화의 한 장면처럼 보여준다.

이 그림은 성서에 등장한 주제를 다루지만 제목을 떠올리지 않으면 전혀 종교적인 메시지를 읽어 낼 수 없을 것이다. 이 세계야말로 가을을 거쳐서 겨울로 진입하는 중세의 끝을 보여준다. 역사가들에 따라서는 이 시대가 이미 중세를 벗어나 이전과 완전히 달라진 단절된 세계로 보이겠지만 장기 지속이라는

---

* Mary Shelley, *Frankenstein,* London: Penguin, 2003, p. 16.

마녀 프레임

이 그림은 피테르 브뢰헬의 〈베들레헴의
인구조사〉다. 로마에서 명령한 인구 조사
에 응하기 위해 요셉이 만삭인 마리아와 고
향으로 돌아가는 내용이다.

관점에서 보면, 이 상황은 여전히 이전 시대 잔재를 고스란히 간직하고 있다. 눈 내린 광장에 사람들이 모여 분주하다. 이곳은 어디인가? 그림 제목에 따르면 베들레헴이다. 그러나 그림에서 브뢰헬이 묘사한 풍경은 베들레헴이라고 보기 어렵다. 오히려 그림 배경이 된 장소는 브뢰헬이 살았던 플랑드르 지방이다. 주제는 성서에서 따 왔지만 이미지는 일상에 가깝다. 브뢰헬이 살았던 그 당대 실상이 생생하게 살아나는 풍경이다.

베들레헴은 아기 예수가 태어난 곳이다. 성서에 따르면 로마에서 명령한 인구 조사에 응하기 위해 요셉은 만삭인 마리아를 데리고 자기 고향으로 돌아가야 했다. 이 그림은 이런 이야기를 담고 있다. 그렇다면 분주한 군중 사이 어디엔가 요셉과 마리아가 있어야 한다. 브뢰헬 그림은 마치 숨은 그림 찾기처럼 보인다. 전경을 자세히 보면 나귀를 탄 여인과 그 나귀를 끄는 남자가 있다. 이들이 바로 요셉과 마리아다. 주의하지 않으면 모르고 지나칠 정도로 평범하다. 이 평범한 세상의 모습, 다시 말해서 부산한 일상 세계야말로 근대가 도래했음을 보여주는 상징적인 이미지다. 근대 언저리에서 탄생한 개인들은 요셉과 마리아에 전혀 관심이 없다. 이들은 오직 자기 일에 열중할 뿐이다. 이들이야말로 산업 사회industrial society를 구성하는 부지런

한 industrial 개인들이다.

이런 관점에서 마녀사냥은 중세에서 근대로 넘어오는 시기에 일어난 중대한 변화들을 담은 사건이다. 마녀사냥에서 핵심은 마법을 쓰는 여성을 색출해서 처형하는 것이기 때문이었다. 여기에서 마법과 여성이라는 두 가지 범주가 논리를 만들어내는 기제로 작동한다. 여성은 그렇다고 쳐도 중세는 마법에 대해 적대적인 시대가 아니었다. 마법은 종교적 유토피아주의나 과학적 실험과 함께 중세를 구성하던 축 가운데 하나였다. 그런데 마법이 갑자기 여성이라는 금기와 합치면서 '마녀'에 대한 처형으로 이어진 것이다. 대체로 마녀사냥에 대한 근거는 성서에서 나왔다. 특히 출애굽기 22장 10절에 나오는 "마녀를 살려두지 말라(Thous shalt not a witch to live)"라는 구절이 마녀사냥을 위한 논리적 근거로 작용했다. 그러나 간혹 마녀에 대한 부정적 묘사가 있기는 하지만 성서는 마녀들에 대해 대체로 중립적인 진술을 하고 있다는 사실은 주목할 만하다.* 마녀나 악마나 마귀는

---

*   Nachman Ben-Yehuda, "The European Witch Craze of the 14th to 17th Centuries: A Sociologist's Perspective", *The American Journal of Sociology*, 86 (1): 1-31, p. 2.

정교한 개념이라고 보기 어렵다. 성서가 띤 특성을 보면 상대적이라는 뜻이다. 성서는 세상이 악마들로 가득하다는 식으로 진술하지 않는다. 이처럼 마녀와 악마를 절대적인 것으로 볼 경우 논리적으로 해석하는 데 문제를 초래할 수 있는 것이다.

마녀는 고대로부터 전승된 존재였다. 그리스 로마 신화는 물론 히브리 신화에도 마녀는 분명히 존재한다. 고대 그리스와 로마에서 마법은 비를 내리게 하기 위해서 꼭 필요했다. 즉 날씨나 출산 또는 의술처럼 생존과 밀접한 일들을 마녀가 관장했다. 히브리어로 마녀는 므카세파^m'khashephah인데 이 말은 마법을 사용하는 사람이라는 뜻이며 특별히 '여성'이라는 의미는 포함되어 있지 않다. 게다가 마녀하면 떠오르는 섹스와 관련한 뉘앙스도 없다. 대체로 마법은 병을 고치거나 기후를 변하게 하는 요술이었다. 그리고 이런 능력은 대개 여신 숭배에서 기원했다. 그 때문에 마법을 부리는 행위를 지칭하던 말이 점차 세월을 거치면서 마녀를 가리키게 되었을 수도 있다. 한편으로는 언어라는 것을 투명하게 생각했던 중세 전통이 '번역'이라는 '언어 오염' 과정을 전혀 이해하지 못했기에 이런 일들이 벌어졌을지도 모른다.

마녀사냥이란 "마녀를 살려두지 말라"라는 문구가 번역 문제에서 발생한 의미적 혼란 때문에 나타난 결과물이라는 사실을 몰랐기에 발생한 것이었다. 지금 생각하면 어처구니없어 보여도 이것이 먼 옛날이야기인 것만은 아니다. 오늘날 계몽이라는 말이 무색할 정도로 '밝은 사회'에서도 문구에 대한 오해 때문에 마녀사냥이 심심찮게 일어나고 있으니 말이다. 여기에 대한 이야기는 나중에 좀 더 해보기로 하고 여하튼 고대에서 마법이 하던 역할은 사회적이고 공동체적인 것이었다. 그래서 이런 목적 외에 마법을 사용할 경우는 '범죄'로 판단할 수밖에 없었다. 윤리적 판단이란 실제적으로 공동체의 합의에서 발생한다. 마법사(마녀)를 살려두지 말라는 말은 이렇게 공동체의 이해관계에 반해서 마법을 사용한 경우에 처벌하라는 말이었다. 아이를 납치하거나 질병을 퍼뜨리는 경우가 여기에 해당한다. 둘 다 오늘날로 보면, 의학과 과학에 대한 지식을 가진 존재들이 고대의 마법사들이었기에 가능한 일이었다.

마녀에 대한 공포는 이처럼 공동체에 나타난 문제와 관련을 맺는다. 역병이 창궐하거나, 가뭄이 들어서 농사를 지을 수 없게 되는 상황들을 두려워한 농부들이 마녀가 존재한다고 믿었으며 이것이 르네상스 합리주의자들과 공모 관계를 형성한 것이다. 믿음과 합리성 사이에 존재하는 차이에 대해 회의를 불러일으키는 역사적 일화다. 막스 베버Max Weber는『종교 사회학』에서 마법을 어떠한 테크놀로지로 간주하며 이런 맥락에서 마법사는 공동체가 직면한 문제점들을 해결하는 것과 관련을 맺는다.* 여기에서 공동체 문제라는 것은 사회적 관심과 긴장을 의미한다. 베버는 이 문제를 카리스마와 연결하는데 마법적 능력이라는 것은 '공식'을 정확하게 이용해서 인간의 욕구에 부응하는 것이다. 마법이란 테크놀로지와 비슷하다고 베버는 주장한다. 그런데 베버가 한 말이 옳다면 의문이 생길 수밖에 없다. 마법이 고대적 의미에서 테크놀로지라고 한다면 마녀사냥은 왜 발생했을까? 이런 맥락에서라면 마법이란 근대적 과학을 배태한 개념임이 분명하기 때문이다. 이제 이 의문을 함께 풀어보자.

---

*   Max Weber, *The Sociology of Religion*, tr, Ephraim Fischoff, London: Beacon, 1993, p. 98.

마법이라는 불가사의한 테크놀로지

마녀사냥이 일어나기 전까지 마법은 유럽에서 자연스럽게 받아들여졌다. 그러다가 14세기에서 17세기 사이에 이르자 마녀라는 특별한 '점쟁이'가 악행을 저지르는 요술로 이미지가 급변했다. 마법과 테크놀로지 사이에 있었던 유사성은 종적을 감추어 버렸다. 마녀사냥 이전까지 마법은 과학적 인식에 기반을 둔 테크놀로지와 공존했다. 마법은 테크놀로지 못지않게 구체적이었다. 주로 사랑의 묘약이나 주문 같은 것을 처방하는 것이 마법사가 하는 일이었다.

영화 〈셰익스피어 인 러브*Shakespeare in Love*〉에서는 슬럼프에 빠진 셰익스피어가 마법사를 찾아가서 해결책을 요청하는데 엄밀히 말하면 이런 설정은 시대적으로 맞지 않지만 마녀사냥이 일어나기 전에 어떻게 마법을 활용했는지 알 수 있게 하는 일화다.*

---

* 흥미롭게도 이 영화에서 마녀가 아니라 남성 마법사가 등장하는 것은 마녀사냥을 의식한 설정일 수도 있다.

마녀사냥 이전까지 마법은 일상의 길흉을
알아보거나 문제를 해결하는 수단이었다.
하지만 14세기 마녀사냥을 위한 체계적 이
론이 나타나면서 마법은 '악마가 하는 일'
이라는 인식이 자리하게 되었다.

마녀 프레임

그런데 마녀사냥을 거치면서 마법은 '악마가 하는 일'과 동일시되었고, 애초에 존재하지 않았던 섹슈얼리티에 관한 문제가 추가되었다. 정말 극적인 반전이었다. 문제를 해결하기 위해 쓰던 마법이 전적으로 모든 문제를 일으키는 원인으로 변했기 때문이다. 신과 동격에 놓였던 마녀는 그 지위가 급전직하해서 악마가 부리는 하수인이 되고 말았다. 신이 내린 전언을 듣고 자기 소원을 신의 뜻으로 설파하던 권한은 사라졌다. 이것이 바로 마녀사냥이 유럽 역사에서 중요한 까닭이다. 자율적이고 신과 다름없었던 마녀가 갑자기 사탄의 인형으로 전락해 버렸다. 대체 무슨 일이 일어난 것일까?

가장 중요한 변화는 바로 마법을 개념화하는 방식, 달리 말해 지식을 생산하는 구조에서 일어났다. 이것을 어떻게 파악할 수 있을까? 한 가설로 일상이 변화했다는 사실을 들 수 있겠다. 브뢰헬의 그림이 보여주는 것은 바로 '일상의 탄생'이라는 새로운 세계다. 이 세계는 중세적 세계관 즉 종교적 인식 체계의 붕괴를 의미한다. 앞서 말했듯이 중세 시대 일상은 시계 장치처럼 정확했다. 모든 것이 아귀에 맞게 움직였던 것이다. 겉모습만 보더라도 왕인지 신하인지 알 수 있었다. 옷차림이 곧 그 사람이 어떤 지위에 있는지를 나타냈고 지위에 따라서 인격과 인품

이 판가름 났다. 이런 상황에서 마법은 일상을 지배하는 중요한 테크놀로지였다. 예전에 한국에서 할머니들이 아침에 일어나면 화투 점을 쳤던 것처럼 유럽에서 중세인들도 마법을 사용해서 일상의 길흉을 알아보거나 문제를 해결했다. 14세기까지 마법은 일상에서 필수적인 요소였다.

마법은 불가사의한 능력에 속했는데 이런 식으로 변화가 일어나는 것은 중세 문화사에서 흔하게 발견할 수 있었다. 대체로 중세 사회에서 마녀나 유태인처럼 차별을 받던 존재들은 공동체에 필수 불가결한 직업을 가진 사람들이었다. 이들은 특별한 능력이 있다고 보인 반면 그렇기 때문에 유사시에 통제 불가능할 것이라는 공포심을 심어 주었고 그 때문에 마치 늑대인간이나 뱀파이어처럼 언제든지 추방당할 위험에 노출되어 있었다. 이런 직업군에는 사형 집행인이나 양치기 또는 물레방아를 관리하는 방아꾼 같은 부류가 속했다. 양치기나 목동에 대해 중세인들이 품었던 신비주의는 상당히 흥미롭다. 중세인들에게 자신이 속한 마을이라는 곳은 소우주였는데 그곳은 자기 의지와 능력으로 통제 가능한 공간이었다. 이 소우주 바깥에 대우주가 존재한다고 중세인들은 믿었다. 대우주는 소우주로 들어올 수 없는 괴물들이 거주하는 곳이었다. 그런데 양치기는 소우주를 지배하는 질서에 속하면서도 무서운 대우주로 나아가서 양을 치거나 간혹 늑대에 맞서 싸움을 벌이기도 하는 존재였다. 늑대가 나타났다고 거짓말을 하는 양치기 소년에 대한 우화는 바로 이를 상징한다고 할 수도 있다.* 양치기는 유용하고 필요한 존재지만 때로는 신뢰하기 어려웠다. 이들이 자기 능력을 좋은 일에 쓰면 좋은 양치기였으나 나쁜 일에 쓰면 나쁜 양치기가 된 셈이다.

마녀들 또한 어떤 목적으로 마법을 쓰는지 여부에 따라서 좋은 마녀와 나쁜 마녀로 나뉘었다. 처음부터 마녀 자체가 나쁜 존재였던 것은 아니다. 그런데 14세기에 이르면 마녀사냥을 위한 체계적 이론들이 나타나기 시작한다. 마녀사냥에 대한 책들이 쏟아지고 이론에 정통한 전문가들이 출현했으며 물론 마녀를 색출하고 심판하는 집행자들도 대거 출몰했다. 마녀를 전문적으로 사냥하는 사냥꾼들도 마찬가지다. 이 모든 이론을 악마학demonology이라고 지칭할 수 있는데 이처럼 14세기부터 17세기

*   아베 긴야, 『중세 유럽 산책』, 양억관 옮김, 한길사, 2005, 333쪽.

까지 축적된 악마와 마녀에 대한 이론들은 오늘날 할리우드 영화에서 즐겨 활용하는 주요 테마기도 하다. 이렇게 악마에 대한 체계적인 이론을 통해 마녀사냥 집행자들은 악마와 통간한 마녀를 가려내고 처형했다. 이런 악마학은 한 사람이 창시한 것이 아니라 기존에 존재했던 마법과 마녀에 대한 지식들을 짜깁기한 결과물이었다. 이론이라기보다 믿음을 위해 재구성한 이데올로기라고 보는 것이 타당하겠다. 그렇지만 이런 이론들은 재판관이나 마녀사냥꾼에게 중대한 잣대로 작용했다. 말하자면 악마학 이론에서 언급하는 기준에 부합하는 순간 모든 여성에게는 마녀로 누명을 쓸 수 있는 잠재성이 내재했다.

이런 문제점 역시도 앞서 언급했듯이 언어의 투명성을 의심하지 않았던 중세적 세계관 탓이다. 책에 쓰인 문자를 그대로 현실에 대입하며 언어가 현실을 왜곡할 수 있다는 생각은 추호도 하지 않은 것이다. 여하튼 이들은 조금도 의심하지 않고 자신이 알고 있는 마녀에 대한 이론 체계에 근거해서 마녀사냥을 벌였다. 물론 그렇다고 유럽 전역이 동일한 방식으로 마녀사냥을 실행한 것은 아니다. 잉글랜드는 다른 방식으로 마녀사냥을 진행했다. 잉글랜드에서는 마녀사냥이 그렇게 극심하지 않았는데 마녀들을 범죄자로 취급하지 않았으며 이단자라는 혐의도 씌우지 않았다. 그 이유는 일단 유럽에서 유행하던 이데올로기로부터 비교적 잉글랜드가 자유로웠고 사법 체계가 훨씬 유럽보다 인간적이었기 때문이다. 그 외에도 잉글랜드는 오래전부터 교회와 왕국을 분리시켰으며 강력한 군주제를 확립한 상태였다. 그러나 스코틀랜드는 달랐다. 유럽처럼 마녀사냥 광기에 휘말렸던 것이다. 잉글랜드와 달리 스코틀랜드 국왕이었던 제임스 6세는 직접 마녀사냥을 독려하기까지 했다.

잉글랜드를 제외한 대다수 유럽 지역은 스코틀랜드와 비슷하게 종교적 열정과 마녀사냥을 연결시켰다. 독일과 스위스와 프랑스가 최악이었다. 처음에는 형식도 갖추지 못한 채 즉흥적으로 일어났던 마녀사냥은 점차 체계화해서 14세기 중엽에 완성되었다. 유럽에서 마녀사냥이라는 현상 가운데 중요하게 꼽히던 요소는 '마녀의 연회sabbath'라는 것이다. 한마디로 마녀들과 악마들이 질펀하게 벌이는 파티를 의미했는데 단순하게 노는 것에 그치지 않고 새로운 마녀들을 모으는 역할도 한다고 알려졌다. 마녀사냥에 대한 이론에 따르면 이런 연회에서 마녀들은 악마에게 몸을 바치고 육체적 관계를 맺는다. 자세하게 묘사된 절차에 따르면 마녀들은 악마 앞에서 구원을 거부하고 그 등에 입을 맞추어야 하며 성서에 침을 뱉고 최종적으로 악마와 난교 파티를 벌인다. 또한 연회 중에 이들은 아이를 구워서 먹거나 시체를 파낸다고 했다.

여기에서 묘사하는 마녀들은 마녀사냥 이전에 마법을 담지한 자로서 신과 같은 능력을 갖고 있던 존재라는 정의에서 한참 멀어져서 혐오스러운 존재로 나타난다. 베버가 말했던 테크놀로지적 기능을 가진 마법이라는 개념은 더 이상 없다. 마법은 테크놀로지라는 중립적인 의미를 상실하고 악마의 기술로 전락해버렸다. 대신 마법은 반기독교적인 요술로 받아들여지기 시작했다. 이런 과정은 정교한 이론적 뒷받침을 통해 이루어졌다. 물론 이런 변화가 갑자기 일어나기는 했지만 마녀에 대한 고정관념이 곧바로 변한 것은 아니었다. 15세기에 와서야 마녀에 대한 이런 인식들이 보편화되었다. 이렇듯 공동체가 마녀를 나쁜 존재로 받아들이는 데에는 오랜 시간이 필요했다.

마녀를 악마화하는 일에 지대한 영향을 끼친 세력은 바로 도미니크회Dominican Order였다. 도미니크회는 세계를 선악 사이에서 벌어지는 갈등 상황으로 파악하고 빛의 아들과 어둠의 아들이 서로 싸우는 아마겟돈 같은 상황을 상상했다. 마녀 이야기들은 예수 그리스도 이야기와 정확하게 반대를 이룬다. 예수는 중세에서 신앙심을 규정하는 척도였다. 타락하고 부패한 교회를 질타하기 위해 호명된 것이 바로 예수라는 범주였다. 마녀는 정확하게 이 예수의 맞은편에 있는 상징이었다.

도미니크회는 이런 예수와 마녀가 만든 대립 관계에 대해 섹슈얼리티를 중심에 놓고 설명했다. 예수는 동정녀에게서 태어났기 때문에 '섹스 없는 탄생'을 증언하는 반면 마녀는 항상 악마와 난교를 벌이는 섹스의 화신으로 드러난다. 이런 논리에 따르면 마녀나 악마는 치명적인 성적 매력을 발산하는 남녀라는 이미지를 갖고 있는 셈이다. 신비한 능력을 가진 마녀와 악마는 인간 남녀 앞에 나타나서 이들을 유혹한다. 마녀사냥을 뒷받침하는 이론은 악마와 마녀가 벌이는 성관계에 대해 아주 자세히 설명한다. 악마에게는 정자가 없기 때문에 그와 관계를 맺는 여성은 남편 것을 훔쳐서 대신한다는 이야기가 그중 하나다. 이 이야기에서 흥미를 끄는 대목은 '정자'를 통해 임신한다는 과학적 지식이 마녀라는 비과학적인 존재를 증명하기 위해 동원된다는 사실이다. 마녀사냥이 정말 무엇이었는가를 보여주는 전형적인 발화 구조를 여기에서 확인할 수가 있다.

마녀 연회는 가톨릭교회 미사와 대립하는 상상 이미지다. 교회에서 사람들은 예수와 마리아를 표현한 형상에 둘러싸여 있는 반면 악마가 벌이는 연회는 두꺼비와 염소와 고양이 형상이 채우고 있다. 여기에서 염소는 악마를 상징하기도 하는데 미사에서 사람들은 십자가에 입을 맞추지만 마녀는 악마의 등에 입을 맞춘다. 이렇게 대칭되는 이미지를 만든 까닭은 평범한 사람들도 이해하기 쉽게 만들기 위함인 동시에 익숙한 것을 통해 낯선 것에서 느끼는 불쾌감을 강조하기 위함이기도 하다. 악마 역시 세례식에 해당하는 행사를 벌이면서 마녀에게 표식을 찍어준다. 물론 세례식과 비슷하게 두꺼비가 뿜어내는 더러운 물이 사방에 흩어진다. 말 그대로 기독교 세례식의 패러디다.

지금 보면 황당하기 그지없는 이런 '증언들'은 악마학이라는 이름 아래 체계적으로 정리되어서 테크놀로지라는 불가사의한 능력에서 마법이라는 범주를 분리해내기 위해 사용되었다. 마녀사냥이 얼마나 끔찍했는지는 희생자 수를 통해서 확인할 수 있는데 대체로 20만 명에서 50만 명 정도가 처형되었다고 역사가들은 파악한다.*

마녀사냥은 백년전쟁이 끝난 다음 본격화되기 시작했다. 잘 알려진 대로 프랑스를 구한 영웅으로 추앙받는 잔 다르크도

---

* Nachman Ben-Yehuda, "The European Witch Craze of the 14th to 17th Centuries: A Sociologist's Perspective", *The American Journal of Sociology*, 86 (1): 1-31, p. 6.

흥미로운 사실은 마법을 실행했다는 혐의
로 재판을 받고 형장의 이슬로 사라진 사람
중에 절대다수가 여성이었다는 점이다.

마녀재판을 받고 처형당했다. 흥미로운 사실은 마법을 실행했다는 혐의로 재판을 받고 형장의 이슬로 사라진 사람 중에 절대다수가 여성이었다는 점이다.* 독일에서 희생자 중 85%가 여성이었다는 기록이 있을 정도다.

마녀사냥이 가장 극심했을 때는 가톨릭교회가 가장 약했을 때였다. 이것은 권위 또는 권력에 공백이 발생했을 때 종교적 광기가 폭발할 수 있다는 사실을 의미한다. 마녀사냥은 종교적 신앙심과 합리적 지식이 만났을 때 이 조합이 어떻게 순식간에 집단적 광기로 돌변할 수 있는지를 보여준다.

마녀의 탄생

마녀사냥은 왜 시작된 것일까? 앞서 말한 대로 마법에 대한 신화를 만들어낸 장본인들은 도미니크회 수사들이었다. 13세기

---

* Clarke Garrett, "Women and Witches: Patterns of Analysis", *Signs: Journal of Women in Culture and Society* 3 (2): 461–470. p. 466.

까지 가톨릭교회는 마법을 환영^{illusion}으로 간주하고 대수롭지 않게 여겼다.* 마녀사냥이 이루어지기 전까지 가톨릭교회에서 열린 종교재판은 주로 교리를 부인하는 이들을 심판하는 것에 집중했다. 물론 이것도 처형이나 처단이라는 판결을 내리는 것이 아니라 이단을 규정해서 회개하게 하고 전향하게 하는 것이 목적이었으며 마녀사냥처럼 대상을 제거해버리는 것이 아니었다. 이와 같은 기록들은 쉽게 찾아볼 수 있다. 이전 시대에 종교재판이란 믿음과 신념을 잃어버린 신자들을 돌려세우기 위해 열렸다. 이에 대한 근거로 성서에 나오는 잃어버린 한 마리 양이라는 상징적 서사가 동원되고는 했다.

이런 사실은 가톨릭교회가 '자비로움'을 보여주는 듯하지만 뒤집어 생각하면 그만큼 이단자들이 많았음을 뜻한다. 교리를 배반한 자들이 많았다는 사실은 또한 가톨릭교회에 위기와 종교적 동요가 있었다는 것을 여실히 방증한다. 물론 여기에서 이단자라고 지칭한 이들은 기독교적 신념을 버렸다는 이유만으로 재판을 받은 것이 아니다. 이들은 더 강렬한 신앙을 위

---

* 가톨릭교회가 공식적으로 세운 입장에 대한 논의는 다음을 볼 것.
  Henry C. Lea, *The History of the Inquisition of the Middle Ages*, 4 Vols, New York: Harper, 1901.

해서 가톨릭교회가 타락했음을 비판하는 정치사범들이기도 했다. 예를 들어서 영어로 성서를 번역했던 존 위클리프^{John Wyclif} 같은 경우도 종교재판 대상이었다. 이처럼 당시에도 종교재판은 성행했으나 13세기 중반까지 처형당하거나 추방당한 경우는 거의 없었다. 그러나 문제는 종교재판이 존속했다는 것이었다. 마녀재판이라는 명목으로 체계가 잡힌 순간 종교재판소는 그 기능에 자율성을 획득했고 자기 보전 욕망에 빠져들었다. 종교재판소는 새로운 배교자들을 찾아 나서기 시작했다. 처음에 가톨릭교회 교리에 도전하는 이단자들을 심판하던 역할에서 점점 확대된 종교재판소는 마법의 이단성을 도마 위에 올리는 수준까지 발전했다. 이들은 유태인과 무어인을 심판하는 데 목적을 두었다. 특히 유태인은 유럽 역사에서 전통적인 희생양이었다. 예수를 로마에 팔아넘긴 장본인들이라는 신화적 이유로 인해 십자군 전쟁 시기 때도 유태인은 광분한 군중에게 제물이 되기 십상이었다.

그런데 유태인에 대한 적대감은 어디에서 기인한 것일까? 셰익스피어 희곡 『베니스의 상인』을 보면 유태인 차별 원인을 짐작하게 하는 광경이 나온다. 유태인이 유럽으로 들어온 시기는 대략 8세기경으로 추정된다. 이들은 『베니스의 상인』에서도 드러나듯이 '상인'으로서 무역을 위해 유럽에 왔던 것이다.

당시 유태인은 토지를 살 수 있었으며 관직에 오를 수도 있었다. 하지만 이런 자유는 11세기 말경에 박탈당한다. 이때부터 유태인은 환전상이나 고리대금업 같은 요즘으로 치면 금융업에 한정한 직업밖에는 얻을 수 없었다. 이들은 화폐 경제라는 낯선 질서를 대변하는 위치에 있었다. 중세인들에게 화폐는 해괴한 물건이었다. 이들에게 익숙한 무역은 물물 교환이었는데 화폐 경제가 출현하면서 이런 방식은 근본부터 바뀌었다. 어떤 물건을 받으면 동일한 물건으로 보답을 해야 한다는 호혜적 관계가 무너졌다. 화폐 경제를 기반으로 매매 행위가 이루어지면서 값비싼 귀중품도 화폐라는 보잘것없는 물건으로 교환해야만 했다. 중세인들에게는 참으로 황당한 경험이었을 것이다. 이런 화폐 경제 출현과 유태인은 밀접한 관련을 맺고 있었기에 후일 그들이 차별 대상이 되는 데 영향을 끼쳤다. 나중에 살펴보겠지만 이런 사정은 중세적 세계관에 종언을 고하게 한 경제 발달 과정과 무관하지 않다. 마녀사냥을 초래했던 물질적 지각 변동에는 유태인이라는 존재가 엄연히 한자리를 차지했다.

이렇게 유태인과 무어인에 대한 탄압이 한창이던 시절에

마법과 마녀의 해악성을 증명하는 책들이 속속 등장한다. 특히 하인리히 크라머Heinrich Kramer의 『마녀의 해머』라는 책은 공식적으로 가톨릭교회에서 내린 인준을 받고 제작되었다. 이 책은 흥미롭게도 인간과 사회에서 발생하는 모든 불행을 마녀와 그 마법 때문이라고 주장한다. 이 책은 또한 구체적인 방법론까지 완비하여 명실상부하게 마녀 지식을 집대성한 완결판이었다. 마녀를 색출하는 방법과 소추 방법 그리고 재판과 고문, 유죄 판정, 선고 방법까지 자세하게 안내되어 있는 것이 인상적이다. 이 책이 출간되면서 마녀사냥은 더욱 탄력을 받기 시작했고 수많은 여성이 마녀라는 명목으로 희생되었다.

『마녀의 해머』가 마녀사냥을 위한 이론적 결정판이었다면 크라머보다 앞서 마법을 새로운 악의 근원으로 정의한 사람은 니콜라스 자키에르Nicholas Jacquier였다. 자키에르는 『이단적 마녀의 응징Flagellum haereticorum fascinariorum』이라는 책에서 최초로 마녀의 마법에 내포되어 있는 '이단성'을 입증했다. 주목해야 할 사실은 자키에르가 마녀를 "인간과 전혀 다른 종류의 존재"라고 규정했다는 점이다.* 이처럼 모든 배제의 논리는 근원적인 차별 의식을 '인종적 차이'로부터 만들어낸다. 마녀를 인간과 다른 존재로 규정함으로써 결국 인간적인 도리나 윤리 의식으로부터 대상을 분리하는 계기가 생기며 이런 논리를 통해 합리적으로 마녀를 현실이라는 범주에서 떼어 내어 하나의 물체처럼 취급할 수 있게 된다. 마녀사냥이 광기로 치달을 수 있었던 이유 가운데 하나다.

마녀사냥은 악마 때문에 초래된 혼란을 잠재우고 배교자들에게 신념을 되찾아주기 위한 것이었지만 이런 기술적인 문제의식은 마녀에 대한 이론과 마녀재판 방법론이 생기면서 소멸해버렸다. 결국 혼란이 혼란을 낳는 현상이 가속화했다. 마녀사냥이 이렇게 집단적 광기로 치달았던 까닭은 눈으로 확인할 수 없는 '마음의 문제'가 개입했기 때문일 것이다. 마법은 사람의 마음을 빼앗고 홀리는 요술로 인식되었다. 이는 '마음'이라는 주관적 현상에 근거한 문제였기 때문에 한번 결정되면 번복할 수 있는 증거를 제시하기란 불가능했다. 일단 마녀로 찍혀 버리면 되돌릴 방법이 없었다는 의미다. 이런 양상은 중세 시대 공동체에 유용한 테크놀로지로서 마법을 인식했던 태도가 변화

*   Nachman Ben-Yehuda, "The European Witch Craze of the 14th to 17th Centuries: A Sociologist's Perspective", *The American Journal of Sociology*, 86 (1): 1-31, p. 10.

했다는 것을 암시한다. 광기가 마법에 내포된 합리적 측면을 완전히 거세해버린 것이다.

앞서 언급했듯이 마녀에 대해 자키에르가 제창한 이론이 출현한 지 30년 뒤에 본격적인 마녀 식별법을 담은 『마녀의 해머』가 출간되며 가이드라인을 제시했다. 요즘 같으면 이 분야 최고의 베스트셀러였던 셈인데 이 책이 중요한 까닭은 마법이 일으키는 악행을 구체적으로 여성에 대한 문제로 연결하기 때문이다. 이 책은 마녀에 대해 "여성들이 주로 마법을 사용하는데 왜냐하면 여성은 잘 속아 넘어가고 머리가 나쁘기 때문"이라고 진술하고 있다.* 또한 여성은 정욕에 취약하기 때문에 유혹에 쉽게 넘어간다는 것도 이유 중 하나였다. 자키에르처럼 마녀를 인간과 다른 종류로 보았던 것보다 더 심각한 진술이다. 마녀를 인간과 다르다고 규정하는 것은 그래도 남성과 여성 사이에서 차별을 전제하지 않는다. 오히려 그것은 공동체와 공동체 외부에서 온 이방인을 구분하는 논리였다. 그런데 이 경우는 남성과 여성을 구분해서 공동체 내부에 적이 있을 수 있다는 사

---

* J. Spengler and H. Kramer, *Malleus maleficarum*, tr. Montague Summers, London: Folio Society, 1968, pp. 41–48.

마녀 프레임

실을 인정하는 것이다. 이런 논리에 따르면 여성은 모두 잠재적인 마녀일 수밖에 없으며 남성을 유혹해서 마법이라는 죄악에 빠뜨리는 요물이라는 이미지가 만들어진다. 진정 『마녀의 해머』라는 책 때문에 오늘날 우리에게 익숙한 문화적 코드인 마녀라는 이미지가 탄생한 것이라고 말할 수 있다.*

마녀사냥과 인쇄술

마녀사냥이 가속화한 것은 『마녀의 해머』라는 책이 출간된 사실과 맞물려 있다고 앞에서 말했다. 물론 이런 일은 이 책이 마녀를 규정하고 구체적인 마녀사냥 방법론을 기술하고 있기에 가능했다. 그러나 무시할 수 없는 요소가 또 있다. 바로 인쇄술이다. 『마녀의 해머』는 인쇄술이라는 최신 테크놀로지 덕분에

---

* 이런 이미지를 잘 보여주는 어린이 애니메이션이 바로 〈스쿠비 두Scooby-doo〉이다. 이 애니메이션은 넓게 보면 마녀사냥 논리가 대중문화 판본으로 변형된 것이라고 말할 수 있다. 미스터리한 사건이 일어나는 곳에 가서 그 원인이 마녀나 뱀파이어 또는 유령과 좀비 때문이라는 사실을 밝혀내고 격퇴하는 내용을 담고 있다.

당시에는 보기 드물게 대량으로 제작해서 배포할 수 있었다. 『마녀의 해머』는 인쇄술에 혜택을 입은 초기 책 중 하나였다. 요하네스 구텐베르크Johannes Gutenberg가 맨 처음 인쇄기로 성서를 찍어낸 것이 대략 1439년 무렵이었다. 이때로부터 약 50년 뒤에 『마녀의 해머』가 세상에 나왔다. 『마녀의 해머』가 세상에 나왔을 무렵은 초기 인쇄 기술 단계인 인큐너블스incunables의 시대였다고 추정된다. 인큐너블스는 구텐베르크가 만든 조립식 활자체에 맞춰서 제작한 초기 책자들을 일컫는 명칭이다. 이런 책에는 필사본 모양을 흉내 내려고 했다는 공통적인 특징이 있다.

　『마녀의 해머』가 출간된 시기는 인쇄술이 독일과 유럽 전역에 퍼진 때였다. 이는 1462년 마인츠 대주교가 기업에 적대적인 정책을 써서 인쇄업자들이 각지로 흩어졌기 때문에 발생한 현상이었다. 독일을 떠나서 프랑스나 이탈리아로 간 인쇄업자들도 있었지만 쾰른 같은 곳에 정착한 이들도 있었다. 인쇄술이 발달하고 서적에 대한 수요가 늘어나면서 인쇄업자들은 기업으로 발전했다. 자연스럽게 책을 찍는 곳과 파는 곳이 분리되었고 책을 팔기 위한 마케팅 전략들도 생겨났다. 이와 같은 분위기는 확실히 마녀사냥에서 연상할 수 있는 우울한 분위기와는 사뭇 다르다. 다음 진술에서 그 사실을 확인할 수 있다.

인쇄술의 발달은 마녀사냥의 광풍을 몰아
치게 한 배경이기도 하다. 마녀 색출이 일
방적인 폭력이 아닌 시대의 이데올로기로
만드는 가장 과학적이고 효과적인 방법이
었다.

1480~1500년 사이에는 주요 도시의 거리마다 서점이 등장해서 책이 홍수를 이루기 시작했다. 서적상들은 인쇄업에서 해방되었기 때문에 소비자를 만나고 상품 목록을 풍요롭게 하는 데 주력할 수 있었다. 그런 노력의 결과로 인근 지역이나 먼 지역에 있는 서적상들이 서로 책을 교환하는 것이 사업 수단의 하나로 떠올랐다. 소매상들 간의 이런 활발한 책 교환으로 독자들은 이전에 접하지 못했던 다양한 저자와 화제를 만날 수 있게 되었다.*

『마녀의 해머』도 이런 분위기에서 20쇄를 찍을 수 있었다. 아마 추정컨대 당시 최고 베스트셀러인『뉘른베르크 연대기』라는 책에 버금가는 판매 부수를 기록했을 것이다. 한마디로『마녀의 해머』는 당시 위기에 빠진 중세적 세계관과 인식 체계를 대체하면서 마법과 마녀에 대한 새로운 관점을 대중적으로 유포했던 중요한 매개였다. 이 말은 의미심장하다. 여기에서 마녀

---

*   니콜 하워드,『책, 문명과 지식의 진화사』, 송대범 옮김, 플래닛미디어, 2005, 103쪽.

사냥은 숨은 진실을 일부 드러낸다. 그것은 마녀사냥이 단순히 위에서 아래로 행해진 일방적인 폭력이라는 선입견에 대한 중대한 도전이며 어떠한 공모가 숨어 있을 가능성이다. 서점을 통해 책이 판매되고 『마녀의 해머』라는 책을 수많은 사람이 읽었다는 것은 마녀사냥을 가능하게 한 이데올로기적 매트릭스가 출현했다는 것을 의미한다. 이데올로기는 언어 작용에서 나온 결과물이며 판타지에 의해 구성된다. 중세 유토피아주의가 몰락한 곳에서 마녀사냥은 공동체에 닥친 위기를 해결하기 위한 방책으로 제시되었다. 마녀들을 제거하면 공동체는 다시 과거처럼 평온을 되찾을 것이라는 생각이었다.

처음에 마녀를 인간과 다른 종류로 규정하다가 여성에 대한 구체적인 열등성을 중심으로 마녀사냥 담론이 이동한 까닭은 공동체가 처한 문제를 해결하기 위한 가시적 희생양이 필요했기 때문이다. 그렇다면 이런 생각은 어떻게 작동했을까? 간단하게 생각하면, 마치 가톨릭교회가 명령을 내리고 도미니크회가 일사불란하게 명령을 집행한 것처럼 보인다. 그러나 여기에서 주의해야 할 사항이 있다. 앞서 언급했듯이 마녀사냥은 가톨릭교회의 권위에 닥친 도전을 해결하기 위한 문화적 상징 행위에 가까웠다. 그러나 어떻게 힘이 약해진 가톨릭교회가 마녀사냥을 주도할 수 있었을까? 이는 가톨릭교회가 강력하던 시절 오히려 마녀들에 대해 관대했다는 것을 상기해 보면 이해할 수 있다. 다시 말해, 대중이 자발적으로 호응하지 않았다면 마녀사냥 광풍은 불가능했을 것이다.

마녀사냥이 한창 벌어졌을 때 자신이 마녀라고 스스로 고백하는 경우도 많았다는 것은 흥미롭다. 마녀였지만 회개하고 죽으면 천국행이 보장되었기 때문에 이런 일들이 벌어질 수 있었다. 실리적인 차원을 떠나서 회개라는 행위가 주는 심리적 카타르시스는 대단했을 것이다. 중세가 몰락하는 모습을 목도하던 그 세계는 멜랑콜리로 가득했고 염세주의가 득세했다.* 이런 분위기에서 삶의 숭고를 추구하고자 하는 요구는 격앙되기 마련이다. 비루한 일상을 초월해서 삶에서 마주치는 한계를 넘어서고 싶은 열정이 충만했던 분위기를 고려하면 마녀사냥을 단지 위에서 아래로 강제된 것이라고 파악하는 것은 너무 단순한 결론이다. 마녀사냥을 문화 현상으로 보아야 하는 까닭이 여

*   Johan Huizinga, *The Autumn of the Middle Ages*, tr. Rodney J. Payton and Urlich Mammitzch, Chicago: U of Chicago P, 1996, p. 38.

        마녀 프레임

기에 있다. 손쉽게 마녀사냥을 권력과 대중 간 관계로 파악하기 곤란한 것 역시 이 때문이다.

이런 현상과 비슷한 사례가 한국에도 있었다. 2009년 세간을 떠들썩하게 만들었던 'H 수련원' 사건이 그것이다. 텔레비전 시사 교양 프로그램에 보도되면서 충격을 주었던 이 사건은 한 수련원 원장을 살해하려고 시도했던 이들이 경찰에 자수하면서 세상에 알려졌다. 집단으로 범인들이 자수를 했다는 것도 기현상이지만 어떤 특별한 이유도 없이 원장을 살해하려고 했다는 정황들이 석연치 않았기 때문에 사건은 일단락된 것처럼 보였다. 그러나 한 텔레비전 시사 교양 프로그램이 취재해서 보도한 내막은 흡사 중세 마녀재판을 연상하게 했다.

마녀재판처럼 성령을 받았다는 누군가가 '죄인'을 골라내는 방식도 유사했다. 더욱 흥미를 자아내는 것은 '범인'이라고 고백한 이들이 눈물을 흘리면서 진심으로 회개하는 모습이었다. 경찰 수사 결과 이 모든 것은 '자작극'으로 밝혀졌지만 그래서 더욱 상황을 이해하기 힘들다는 것이 중론이었다. 그러나 이 상황에 대해서 합리적으로는 이해하기 힘들지만 마녀재판과 마녀사냥이 벌어졌던 중세적 세계관으로 돌아가서 보면 그 이유를 짐작할 수 있다. 이들은 회개를 통해 자기 삶을 종교적 숭고로 승화하려던 중세인의 방식을 그대로 답습해서 보여주었다. 이것은 21세기에도 여진히 위력을 발휘하고 있는 중세에서 온 유산이다. 이 과정에서 세속 법과 윤리는 아무런 의미도 없다. 오히려 종교적 목적을 위해 현실은 왜곡된다. 이들에게 중요한 것은 종교적 교리에서 규정하는 삶의 기준일 뿐이다.

마녀사냥도 마찬가지였다. 마녀사냥과 마녀재판은 몰락해가던 중세적 가치 체계를 다시 세우기 위한 몸부림이었다고 볼 수 있다. 중세 말기를 뒤덮은 희망이 부재하는 상황과 염세주의는 사람들로 하여금 현세에서 자신이 겪고 있는 고통을 모두 마녀들과 악마의 탓으로 돌리게 했다. 그리고 이런 믿음을 확산하고 더욱 강화한 것은 놀랍게도 당시 첨단 테크놀로지인 인쇄술이었다. 책이 보급되며 마녀에 대한 지식은 확산되었고 이렇게 마녀에 대한 '지식'을 보유함으로써 사람들은 더욱 확신을 갖고 마녀사냥에 대한 정당성을 주장할 수 있었다.『마녀의 해머』는 종교재판소의 지침서가 되었으며 이를 토대로 재판관들은 마녀재판을 진행했다. 요즘으로 치자면 판타지 소설을 가져다 놓고 외계인을 판별하려는 조처와 비슷한 일이지만 당시에 이런 재판들은 사뭇 진지하게 진행되었다. 도미니크회 수사와 종교재판관 들은 마녀재판에 심혈을 기울였다. 마녀를 두려워하거나 혐오했다기보다 직업적인 관심을 가지고 접근했다는 의미다. 이들은 신학적 전문성을 훈련하고 시험하기 위한 수단으로 마녀재판을 이용했다. 정교한 심문 기술과 이단 판별법이 마련되었다. 그러나 스페인과 포르투갈에서는 다소 사정이 달랐다. 이들은 앞서 언급했듯이 유태인과 무어인에 대한 적대감이 더 강했다. 왜냐하면 유태인과 무어인은 직업이나 기타 사회적 문제에서 언제나 거슬리는 존재였기 때문이다. 훨씬 더 현실적인 원인이었던 셈이다.

중세적 질서에 찾아온 종언

15세기에 이르면 마녀에 대한 직업적 관심은 악마에 대한 이론으로 모두 수렴된다. 이 시기에 이르러 마녀사냥이 대중적인 관심을 끌기 시작했다는 사실은 특기할 만하다. 도미니크회 수사들과 종교재판소 정도에서나 주목했던 마녀라는 존재가 대중적인 관심 사항으로 부상했다. 드디어 대중이 종교재판소와 동일한 관점으로 마녀를 보기 시작했다. 왜 이런 현상들이 발생했을까?

결론부터 말하자면 사회 전반에 걸쳐 급격한 변화가 진행되었기 때문이다. 13세기에서 17세기에 이르는 기간은 그때까지 위력을 발휘했던 중세적 질서가 일시에 전환하는 시기였다. 도시가 성장했고 생산을 위한 산업 기반이 조성되었다. 자유로운 개인들이 출몰하면서 중세에서 볼 수 있었던 체계적인 질서는 더 이상 유지되지 않았다. 상업이 확산되었고 폴란드 등지에서는 광산 채굴이 성업을 이루었다. 지중해는 해상 무역으로 부를 축적하기 시작했으며 사람들은 점차 중세 가치 체계와 다른 '맛'을 알게 되었다. 아는 것이 바뀌면 세계도 바뀐다. 중세가 붕괴하도록 조장한 것은 다름 아닌 경제 발전이었다. 축적된 부는 중세적인 속박을 넘어설 수 있는 여유를 주었다. 여기에서 속박에서 벗어난다는 것은 무슨 의미인가? 어떻게 경제 발달이 그렇게 강고했던 중세 위계를 무너뜨릴 수 있었을까?

한마디로 그것은 자본과 화폐 경제를 중심으로 새로운 가치 체계가 재편된다는 것을 뜻한다. 앞서 이야기했지만 화폐 경제는 매매 행위나 무역을 상징화하는 역할을 수행했다. 물물 교환이라는 직접성이 사라지면서 사람들은 더 이상 과거에 그랬던 방식으로 삶을 대할 수 없게 되었다. 자본주의는 화폐 가치라는 거대한 표준화 기계를 가지고 있다. 왕이든 양치기든 이제 가치 평가가 화폐라는 절대적 기준을 따라야 하는 상황이 다가오고 있었다. 비록 여명기이기는 했지만 자본주의라는 수레바퀴가 서서히 작동하기 시작한 것이다. 경제 성장은 무역을 증가하게 하는 도시 산업을 확대할 수 있는 조건을 제공했다. 무역이 증가하면서 표준화가 가속되었고 도시 산업 형성은 노동 분업을 촉진했다. 당연히 전문화도 이런 과정과 함께 진행되었다.* 13세기 말에 이미 산업 발달은 사회의 모습을 완전히 바꾸어놓았다. 산업을 통해 부흥한 '중간 계급'이 부상하고 유럽 대륙은 이들의 왕국인 도시들로 뒤덮였다. 물론 여기에서 '중간 계급'은 부르주아를 의미한다. 부르주아의 성장은 중세적 질서에 종언을 고하는 새로운 근대 주체가 등장했음을 예고했다. 이들은 사회 활동을 조직하면서 귀족들과 다른 문화를 만들어내었다. 이런 흐름은 16세기에 절정을 맞았고 지리학적 발견과 맞물려 공간에 대한 인식까지도 송두리째 변화시켰다. 유럽은 이제 세계의 중심도 유일한 세계도 아니었다. 유럽 이외에 다른

---

* Jacques Le Goff, "The Town as an Agent of Civilization 1200-1500", *The Fontana Economic History of Europe*, ed. Carlo M. Cipolla, New York: Fontana, 1972, pp. 71-107.

미지의 땅들이 존재한다는 사실은 기존 사고방식으로 세계를 파악할 수 없음을 뜻했다.

이런 국면에서 가장 심각한 치명타를 입은 것은 가톨릭교회가 점했던 지위였다. 가톨릭교회를 중심으로 형성되었던 봉건적 위계가 더 이상 유지될 수 없는 상황이 도래한 것이다. 중세 전통에서 사회의 도덕성은 대단히 중요했다. 도덕의 경계는 질서 속으로 주체들을 호명하는 중요한 기제였다. 기독교 왕국은 상징적 측면에서 로마를 중심에 놓고 저마다 지역들이 제 몫을 다하는 구조였다. 로마는 실제 공간이라기보다 영적인 원천이었다. 로마를 중심으로 구성되어 있던 위계 구조야말로 중세를 대표하는 세계 이미지였던 것이다. 이 세계는 중세를 정신에서 물질까지 일관되게 지배하는 하나의 이념인 기독교의 신을 중심으로 시계 톱니바퀴처럼 움직였다고 할 수 있다. 영원한 우주 질서와 서로 유비하고 있는 지상 질서들. 대우주는 인간이 살고 있는 소우주를 감싸는 모습으로 그려졌다. 그런데 이런 질서에 심대한 균열이 발생했던 것이 당시 상황이었다.

과거에는 유태인과 무슬림이 이런 질서를 위협하는 적이었다. 그러나 그러한 이단은 기독교의 전통 내에서 발생한 것이기 때문에 중세인들이 이해할 수 없는 적은 아니었다. 따라서 이들은 언제나 파악할 수 있고 정의할 수 있는 '보이는 적들'이었다. 그래서 중세에 이단을 향한 대책은 이들을 설득해서 전향하고 구원을 받도록 하는 것이었다. 그러나 13세기에 이르면서 상황은 전혀 달라졌다. 알 수 없고 보이지 않는 적들이 중세 질서를 해체하기 시작했다. 중세적 세계관을 그대로 간직하고 있던 르네상스인들에게 이런 변화는 적응하기 힘든 상황이었다. 중세 위계에 들어맞지 않는 도시가 출현하면서 중세 질서는 가장 중대한 도전에 맞닥뜨렸다. 무역으로 국제화한 도시는 기독교를 신봉하지 않는 이교도들과 뒤섞이는 공간이기도 했다. 오늘날 우리가 목격하는 국제적인 거대 도시를 떠올려보면 도시가 국제화되면 될수록 도시 공간이 국가라는 공간으로부터 분리되어버리는 현상을 쉽게 발견할 수 있다.

예를 들어 서울을 생각해보자. 서울은 한국의 수도이지만 또한 국제적인 도시다. 이런 상황에서 서울의 문화는 과연 한국적인가? 오히려 서울에서 한국적인 것은 여러 이국적인 것들 중 하나로 자리매김하고 있을 뿐이다. 서울이 국제화하면 할수록 상황은 이렇게 전개된다. 서울에서 문화는 점점 더 이른바 한국적인 것 또는 전통적인 것으로부터 떨어져나가 독자적인 자율성을 획득할 수밖에 없다. 도시의 자율성은 곧 이질성이고 혼종성을 의미한다. 이와 같은 현상이 르네상스 도시에서도 일어났고 궁극적으로 이런 과정을 통해 중세는 완전히 종언을 고했던 것이다. 중세를 붕괴시킨 원인은 바로 도시라는 공간이었으며 거기에서 꽃핀 다른 가치를 체현한 혼종적 문화였다.

이렇게 서로 다른 가치들의 공존상황은 질서 정연하게 살아왔던 르네상스인들에게 엄청난 혼란으로 다가왔을 것이다. 여기에 엎친 데 덮친 격으로 자연재해와 흑사병 같은 역병까지 창궐했다면 종말이 임박했다는 발상이 떠오를 수밖에 없다. 사회를 지탱하던 도덕적 기준이 무너지고 세계를 이해하는 인지적 지도가 사라져버린 조건에서 종말에 대한 공포는 더욱 가중되었을 것이다. 이에 더해 흑사병은 유럽 경제 발전에 새로운 전기를 마련했다. 흑사병 때문에 줄어든 인구 덕분에 자본 독점이 가능하게 된 것이다. 줄어든 노동력 때문에 노동자들은 더 나은 임금을 받을 수 있게 되었다. 15세기에 이르자 이 같은 경제적 풍요를 바탕으로 새로운 사상과 문화가 발아하기 시작했다. 과감한 지적 모험들이 시도되었고 마법도 이것 중 하나였다. 인식적 혼란과 도덕적 아노미 상태가 지속되었기 때문에 이런 모험들이 가능했던 측면도 있었다. 이 과정에서 합리적인 과

마녀 프레임

학과 마법은 분리되기 시작했다. 초기 과학 혁명을 거치면서 축적된 과학 지식은 후일 종교재판관들이 악마에 대한 이론을 정립할 때 활용되었다.

이런 정황을 놓고 판단해볼 때 마녀사냥을 가능하게 만든 인식적 근거는 아주 원시적인 '과학 지식'이었다는 사실을 알 수 있다. 이 지식이 중세의 테크놀로지였던 마법과 과학을 분리시켰던 것이다. 과학의 방법은 가설을 세우고 그 가설을 증명하는 과정을 의미한다. 여기에 필수적인 것이 바로 '관찰'이었다. 아주 초보적이지만 마녀사냥도 이런 방식으로 마녀를 검증했다. 마녀에 대한 가설을 세우고 관찰을 통해 마녀라는 사실을 증명하는 것이 과학적 방법을 차용한 마녀에 대한 식별법이었다.

이렇듯 마녀사냥이 일어나게 된 배경은 상당히 흥미로운 사유 거리를 던져준다. 권력과 권위 그리고 이념을 통해 통제되었던 질서 정연한 세계가 무너지고 아노미 상태를 맞이하는 상황은 1987년 이후 민주화 체제를 맞이한 한국 상황을 연상시킨다. 일부 냉전 세력 인사들이 텔레비전에 출연해서 "냉전 시절이 좋았다"라고 발언하는 것은 인식적 혼란과 도덕적 아노미 상태를 참을 수 없기 때문이다. 이렇게 질서 정연한 세계를 다시 복원하기 위해 이들이 택한 방법은 '색깔 논쟁'이었다. 색깔 논쟁이 궁극적으로 노리는 '빨갱이 사냥'은 현대판 마녀사냥이라고 말할 수 있다. 그들은 빨갱이 때문에 세상이 혼란스러워졌다고 말하지만 과연 사실일까? 과도한 단순화에 불과한 발상이다. 제6공화국의 도래와 함께 한국 경제는 세계 자본주의 체제 내로 편입하기 시작했다. 세계 무역 협정에 가입하고 농수산물 개방을 실시했던 과정이 이를 잘 보여준다. 실제로 냉전 체제를 붕괴하게 만들고 도덕적 해이를 초래한 장본인은 빨갱이가 아니라 자본주의 자체였던 것이다. 이런 사정은 냉전 수구 세력 반대편에 있는 통칭 진보 세력에게도 마찬가지 효과로 작용했다. 과거처럼 정권 투쟁만을 내세우면서 자기 정체성을 보전하기 어려운 환경에 처한 것이다.

한국 현실에 빗대어서 마녀사냥 정황들을 파악하면 이해가 쉬워진다. 문제는 이런 구조와 체계 변화를 사람들이 인지하지 못한다는 데에서 발생한다. 과거 인식 체계로 파악할 수 없는 '새로운 것'이 출몰한 것이다. 사람들은 혼란스러워했으나 이 시대가 마냥 암울하기만 했던 것은 아니다. 이렇게 나타난 새로운 것을 표현하기 위한 노력들은 분명히 존재했다. 과학 혁명이나 르네상스 예술 같은 경우가 그 대표적인 예다. 또한 사상적으로도 인문주의가 발원하여 중세 인식 체계와 다른 세계관을 정립하고자 했다. 비록 숱한 분쟁을 초래했지만 종교 개혁도 이런 시대적 요청에 따라 가능했다.

앞서 지적했듯이 지식의 다양성이 출현하면서 가톨릭교회를 중심으로 일원적인 질서 아래 돌아가던 세계는 다극적인 세계로 변화했고 이 과정에서 마녀사냥이 분출되어 나왔다. 처음에는 가톨릭교회가 마녀사냥을 주도했지만 곧 프로테스탄트도 마녀사냥에 가담했다. 이는 지금 보면 이해할 수 없는 일이다. 우선 가톨릭교회에게 핍박을 받았던 프로테스탄트가 마녀사냥을 벌였다는 점이 그렇고 나아가 가톨릭교회 못지않게 악랄한 방법으로 마녀들을 처형했다는 것 역시 그러하다. 어떻게 이런 일이 가능했을까? 사회적 변화는 사회의 집단의식을 중심으로 변화하게 마련이며 이 집단의식은 개별 주체의 욕망을 담고 있다. 개별 주체는 기본적으로 즐거운 것을 추구하고 즐겁지 않은 것은 배제하려고 한다. 보통 공동체 윤리는 이런 쾌와 불쾌를 나누는 도덕적 기준을 만들어낸다.

공동체가 수용할 수 있는 행위와 그렇지 않은 행위를 구분해서 후자에 대해 도덕적으로 나쁜 것 또는 잘못된 것이라고 판단을 내리는 것이 기본적인 메커니즘이다. 그러나 가치 체계는 이런 메커니즘이 깨어지는 상태에서 혼란을 겪는다. 그렇다면 이런 메커니즘은 어째서 붕괴하는 것일까? 짧게 매듭을 짓고 넘어가자면 교회 근대 국가나 경제 제도 혹은 정부 기관 같은 것이 본래 사회적 관계에서 벗어나서 자율성을 획득하는 과정을 밟기 때문이다. 이 과정을 합리화^{rationalization}라고 부를 수 있겠지만 탤코트 파슨스$^{Talcott\ Parsons}$나 니클라스 루만$^{Niklas\ Luhmann}$의 분화^{differentiation}라는 개념으로 설명할 수 있다. 처음에 통합적인 사회적 메커니즘을 구성하던 제도나 근대 국가들은 점차 분화 과정을 밟으면서 독자적인 방식으로 자기 완결적 논리성을 갖추게 되는데 궁극적으로 이를 통해 새로운 사회적 질서가 등장한다. 여기에는 당연하게도 이런 질서를 규정해야 할 도덕적 경계 긋기가 필요하다. 도덕적 경계는 내재적 논리를 통해서가 아니라 외부를 설정하는 데에서 만들어진다. 그리고 이 시기에는 그 외부가 바로 마법이고 마녀였던 것이다. 분화 과정을 거친 자율적 제도나 근대 국가는 과거를 타자로 설정함으로써 자기 경계를 확보한다. 마녀사냥은 이렇게 분화라는 사회적 변화 과정에서 출현한 구조적 산물인 것이다.

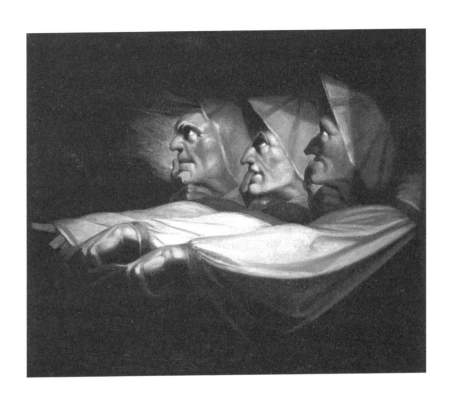

마녀에 대한 인식이 종파를 불문하고 공통
적이었다는 것은 시대를 대표하는 이데올
로기였음을 뜻한다.

가톨릭교회가 막강한 위력을 발휘하던 '암흑 시대'에 마녀사냥이 없었다는 사실은 무엇을 뜻할까? 그것은 분화가 일어나지 않았기 때문에 가톨릭교회가 부여하는 프레임에 맞춰 세계를 인식하고 그 윤리 체계에 따라서 편안하게 살아가면 무탈했다는 말이다. 이 시절에 선악에 대한 판단을 좌우하는 것은 교회 교리라는 '외부'였다. 이 외부는 초월적인 범주에 속했으며 이 범주에 도달하기 위한 삶의 숭고화가 중세에서 가장 존경받고 숭앙받는 일이었다. 이것이 바로 중세 종교관을 지배하던 쾌락 원칙이었다. 형태가 없는 권력을 행사했던 가톨릭교회의 약화는 분화 과정을 촉진하는 것이기도 했다. 가톨릭교회가 가장 영향력을 발휘하지 못하던 지역에서 가장 심각한 마녀사냥이 발생했다는 사실은 이 가설을 증명해준다. 프로테스탄트가 가톨릭교회와 마찬가지로 마녀재판을 실행했다는 것은 또한 이들도 당시에 벌어지고 있던 사회적 분화 현상에 위협을 느꼈다는 사실을 의미한다. 사회를 통제할 수 없을 때 사람의 마음을 사로잡는 불가사의한 능력을 가지고 있는 것처럼 보였던 마녀와 마법은 가톨릭교회와 프로테스탄트 모두에게 불쾌한 존재였다.

마녀사냥이라는 시대적 공모

마녀에 대한 인식이 가톨릭이나 프로테스탄트를 가리지 않고 공통적이었다는 사실은 무엇을 말해주는가? 그것은 교리적 차별성을 넘어서서 이들을 하나로 통합하는 이데올로기가 있었음을 뜻한다. 이데올로기는 단순한 강제나 복종을 의미하지 않는다. 중요한 것은 자발적 복종이다. 인간이 무엇인가를 자발적으로 하려면 즐거워야 한다. 다시 말해 이데올로기는 즐거움에 대한 문제인 것이다. 이런 관점에서 마녀사냥을 바라보면 중요한 사실을 깨달을 수 있다. 마녀사냥이 어쩌면 요즘 축구나 야구 같은 스포츠 게임과 흡사했을 수도 있다는 생각이 바로 그것이다. 물론 마녀사냥은 스포츠 게임과 달리 실제로 목숨이 왔다 갔다 하는 일이었지만 말이다.

오늘날 우리에게 익숙한 관점으로 보면 마녀사냥은 잔인하게 보이겠지만 중세 세계관에서 생각하면 문제는 달라진다. 중세인에게 잔인성은 오히려 스펙터클을 만들어내는 요소였다. 하위징아가 『중세의 가을』에서 그리고 미셸 푸코^{Michel Foucault}가 『감시와 처벌』에서 묘사한 것처럼 죄수 처형은 중세인에게 홀

륭한 구경거리였다. 마녀사냥도 마찬가지였을 것이다. 지금 와서 우리는 마녀사냥의 잔인성을 거론하지만 실제로 마녀사냥 과정에서 고통을 받은 희생자를 제외하고 대다수들은 이 사건을 즐겼다고 보는 것이 적절한 판단이다.

마녀를 규정한 악마학은 대중에게 명확하지 않은 상황을 설명할 수 있는 개념을 부여했으며 이 개념에 따라서 대중은 마녀를 제거하는 것을 당연한 일이라고 생각했다. 인식은 감각과 무관하지 않고 감각은 또한 정서를 불러일으킨다. 악마학의 지식 체계를 통해 형성된 인식은 집단행동으로 퍼져 나가기 용이한 감정적 선을 만들어낸다. 앞서 지적했듯이 이런 이데올로기가 초점을 맞추고 있었던 것은 다른 누구도 아닌 여성이었다. 여성이 왜 쉽사리 악마의 노예로 전락하는지를 설명하기 위해 온갖 과학적 이론들이 동원되었다.

왜 악마학은 여성과 마법을 연결했을까? 다시 말하면 그 당시 여성에게 무슨 일이 일어났을까? 공동체가 견지한 가치관이 요동치고 도덕적 경계가 흐려지는 상황에서 가장 큰 변화에 직면하는 것은 바로 가족이다. 이런 맥락에서 여성 문제는 가족 구조나 제도의 전환과 무관하지 않을 것이다. 그리고 이에 따라서 여성이 점한 지위와 역할도 변했을 것이다. 또한 역병 때문에 인구 변화도 중세적 관점에서 여성을 규정하던 방식에 균열을 초래했다. 중세에 가족은 재산을 소유하는 최소 단위라는 측면에서 공동체적 삶 한가운데 있었다. 중세에서 여성이 차지했던 지위에 대한 논란은 분분하지만 여성이라는 존재를 유혹적이고 위험한 모습으로 그린 것은 분명했다. 무엇보다도 여성은 남성을 무력화시킬 수 있는 능력을 소유한 존재였다. 이것은 달리 말해 남성을 타락시킬 수 있는 유혹을 항상 내포하고 있다는 의미다.

이런 위험성을 최소화하기 위해서 자연스럽게 전통적이고 고답적인 여성 역할을 찬양하는 분위기가 중세에도 존재했는데 그 대표적인 것이 고디바Godiva 전설이다. 고디바 전설은 영국 코벤트리에 전해 내려오는 이야기다. 평소 지역 주민을 예술을 통해 교화하고자 했던 코벤트리 영주의 아내 고디바 부인은 영주가 너무 가혹한 세금을 부과해서 사람들은 고통스러워하자 영주에게 세금을 깎아줄 것을 요청했다. 그러나 영주는 부탁을 들어줄 테니 옷을 모두 벗고 시장을 한 바퀴 돌 것을 제안했다. 당연히 고디바는 '백성'을 위해 시키는 대로 했고 영주는 부인이 얼마나 자비로운가 감복하고 세금을 감면해주었다. 처음 들

유혹적이고 위험한 존재로 여긴 '마녀'와
백성을 위해 희생한 여인 '고디바'의 공존
은 여성의 존재에 대한 중세의 양면적 인식
을 대변한다.

으면 황당한 이야기지만 자세히 뜯어보면 여기에서 '옷을 벗는다'는 의미에 요즘 방식으로는 이해할 수 없는 도상학적 의미가 숨어 있음을 발견할 수 있다. 르네상스 회화에서 옷을 벗은 여인은 순수를 상징했다. 중세인들은 오늘날 우리 상상과 반대로 상상했던 것이다. 옷을 입는 행위는 오히려 타락을 뜻했다.

중요한 것은 고디바가 진짜 옷을 벗고 시장을 돌았는지 그렇지 않았는지 진위 여부가 아니라 고디바라는 여성이 백성을 위해 희생을 감내했다는 사실이다. 이처럼 중세에 여성 문제는 가치 체계가 작동하는 방식과 밀접한 관련을 맺고 있다. 고디바는 얼핏 보기에 영주가 내세운 가치 체계에 저항하는 것처럼 보이지만 결과적으로 그것을 더욱 공고하게 만드는 역할을 했다. 영주가 세금을 올리면 부인이 나서서 말리는 방식은 비단 고디바 전설에만 국한되지 않았다. 이 전설에서 강조하는 것은 전통적인 여성의 역할이다. 그것은 바로 만국 공통 이미지인 '자애로운 어머니'다. 성모 마리아에 대한 숭배도 이런 이데올로기와 무관하지 않았다.

그러나 중세적 가치관이 소멸하면서 이런 이데올로기를 통해 투영되었던 여성 이미지는 더 이상 유지될 수 없었다. 흔들리는 가치 체계 안에서 과거 같으면 여성이 가진 장점으로 여겨졌던 부분들이 의혹의 대상으로 비치기 시작했다. 페스트가 창궐하여 가족을 잃고 혼자 사는 남성과 여성이 증가했는데 이 중에서도 특히 여성이 마녀사냥에 제물로 바쳐졌다는 것은 의미심장하다. 역병 때문에 가족을 잃고 혼자 사는 남성과 여성은 성적 방종에 빠지기 십상이었고 이 때문에 죄책감에 시달렸다. 특히 혼외정사로 낳은 영아를 살해하는 범죄가 빈번했는데 이런 상황은 중세적인 관점에서 본다면 상상도 할 수 없었던 혼돈 그 자체였던 것이다. 일은 같이 저질렀지만 사회에서 차지하는 지위를 감안했을 때 결국 모든 죄를 여성이 뒤집어쓰는 구도는 부정하기 어려웠다.

한편 마녀사냥에서 주요 표적 중 하나는 산파였는데 출생을 관장한다는 그 상징적 지위 때문에 이들은 더욱 집중적인 공격을 받아야 했다. 중세에 미덕이었던 것이 마녀를 나타내는 징표로 돌변한 것이다. 이런 까닭에 여성은 직접적인 마녀사냥 대상으로 낙인찍힐 수밖에 없었다. 가치관 혼란을 극복하고 무너진 도덕적 경계를 다시 복원할 수 있는 길은 사회적 병리 현상을 낳은 원인을 찾아서 제거하는 것이다. 도미니크회 수사들과 종교재판관들이 만든 논리는 이러했다. 그 논리는 분명 과학적이었지만 그 원인 진단과 처방 실행은 전혀 그렇지 않았다. 방법은 과학적이었지만 결과는 그렇지 않았던 것이다. 마녀사냥은 이런 측면에서 근대 과학과 마법이 분리되는 과정을 보여주는 흥미로운 사건이다.

2
근대 과학과 마녀

임상 의학의 탄생

마녀라는 말이 특별한 여성을 지칭했다는 것은 분명하다. 여기에서 '특별하다'는 것은 당시에 아무나 가질 수 없는 능력을 소유한 존재라는 뜻이다. 이 능력 중 하나가 바로 '의학 지식'이었다. 그러한 이유에서 마녀사냥의 근원을 근대 의학 탄생과 관련해서 바라보는 시각도 있다. 근대 의학 혁명과 마녀가 관련이 있을 것이라는 정황은 여러 측면에서 확인할 수 있다. 물론 마녀와 의사 집단이 서로 이해관계에서 충돌했다고 보기는 어렵다. 나중에 마녀로 분류된 여성들은 대체로 중세에 의료 행위를 할 수 있는 합법적 존재였기 때문이다. 이는 곧 중세에 의사의 지위가 그렇게 높지 않았다는 사실을 반증한다.

여성은 조산부 이외에도 다양한 의학 부문에서 활동했다. 의료에서 중요한 약사의 역할이 여성들에게 맡겨졌다는 것도 기록에서 확인할 수 있다. 또한 민간 의료 행위에서 여성이 차지한 역할은 의학사 서적에 기술되어 있는 것보다 훨씬 그 비중이 높았을 것이다. 이렇게 공동체와 사이좋게 공존하던 여성들에게 마녀 혐의가 덧씌워진 이유는 무엇일까? 단일한 원인을 제시하기는 어렵지만 의료 행위에 종사하는 여성들이 너무 큰 영향력을 갖게 되었기 때문이라는 추측을 할 수 있다. 이에 대한 야마모토 요시타카의 주장은 상당한 설득력을 갖는다.

이 시대에 요술을 부렸다고 고발된 피고의 80%가 여성(마녀)이었다. 그런 여성들은 조산부나 기도사(특히 병에 효능이 있는 비술에 능통한 사람)로서 일반 대중에 영향력을 지니고 있었다. 여성이 마녀로 많이 고발된 것은 조산부나 기도사들이 교구 사제의 라이벌이 되었기 때문이라는 지적도 있다. 조산부가 영업하려면 그 지방의 사제가 발급한 면허증이 있어야 하는 지역이 있었다. 의료 기술이나 의학 지식을 문제 삼기보다 오히려 여성의 도덕적, 종교적 독실함을 심사하는 것이었다. 신생아 사망률이 높은 시대였던 만큼 사제가 자리를 비웠을 때 조산부가 대신 긴급 세례를 해주어야 하는(그렇게라도 하지 않으면 사망한 유아는 영원히 천국에 갈 수 없다고 여겨졌고, 현실적으로 그리스도 교도가 묻히는 묘지에 매장되지도 못했다) 경우가 있었기 때문이다. 또 한편으로 거꾸로 조산부가 낙태를 해 주거나 혼외정사로 태어난 영아를 살해하도록 방조하기 쉽다고 여겨졌기 때문에 그들의 도덕심이나 신앙이 중시되었던 것이다.*

이런 진술에서 교구 사제가 갖는 지위를 위협할 정도로 커진 조산부의 영향력을 확인할 수 있다. 이것은 정치적인 갈등이 초래될 수 있는 상황이었다. 권위에 대한 위협은 곧 세계질서가 위기에 처했음을 의미했다. 도덕심이나 신앙이 중시되었던 조산부나 기도사가 부정한 행위자로 의심받을 경우 그에 대한 단죄는 주관적일 수밖에 없었다.

물론 정치적인 맥락과 다른 차원에서 마녀사냥을 야기한 원인을 임상 의학과 관련해서 찾을 수도 있다. 마녀사냥이 르네상스 말기에 출현했다는 사실이 이를 뒷받침한다. 이를 입증하

---

* 야마모토 요시타카, 『16세기 문화혁명』, 남윤호 옮김, 동아시아, 2010, 143쪽.

기 위해 르네상스 말 임상 의학이 어떤 의미였는지 따져볼 필요가 있다. 당시에 발달한 해부학을 토대로 많은 의학자가 중세로부터 전수된 의학 지식을 더 이상 신뢰하지 않았다. 안드레아스 베살리우스^Andreas Vesalius나 그 동료들이 이런 경향을 대표한다. 새로운 해부학적 발견은 중세 의학 패러다임을 바꾼 토대가 되었다. 중세에는 의학적인 일반 이론이 중요했으며 의학적 관찰이나 진단 사실은 그 의학 이론을 증명해주는 사례에 불과했다. 이런 방식이었기 때문에 잘못된 진단에 따른 치료 실패는 수정할 수 없었다. 의학 이론이 존재했지만 전혀 쓸모가 없었던 것이다. 의사들은 증상을 보고 환자를 진단하기보다 점성술이나 소변 감별 같은 자의적인 방법에 의존했다.

15세기 말엽에 이르면 이런 중세 의학은 단절된다. 이론이 아니라 의학적인 진료에 근거한 사실이 등장하면서 의학 체계가 새롭게 정비되기 시작한 것이 바로 이 무렵이었다. 의학 기술 변화와 인쇄술 발달이 밀접하게 관련을 맺고 있다는 것은 흥미롭다. 인쇄술이 발달하면서 많은 의학서가 출판되어 의학 이론은 대중화되었고 동방으로부터 새로운 질병들이 유입되면서 과거처럼 한정적인 의료 방식에 의존할 수가 없게 되었다.

여기에서도 확인할 수 있듯이 마녀사냥과 인쇄술 발달은

여러 측면에서 서로 관련성을 갖는다. 인쇄술이 전문 지식을 대중화하는 데 기여한 만큼 '인식의 혼란'을 초래했음은 자명하다. 그리고 말할 것도 없이 르네상스적 정신은 이런 흐름을 추동했다. 이 정신을 지탱하는 것은 신 플라톤주의였다. 신 플라톤주의는 플라톤이 남긴 저작을 다시 읽고 그 사상을 부활하게 한 것이기는 하지만 원작에 충실한 복원을 추구하지는 않았다. 오히려 3세기경에 플라톤을 집대성한 플로티누스Plotinus의 사상에 근거해서 기독교 이념과 플라톤, 아리스토텔레스, 피타고라스가 정리한 개념들을 절충했던 것이다.

르네상스가 궁극적으로 '인쇄술'이라는 혁명적 매체를 발명하는 데까지 나아갈 수 있었던 것도 이런 사상적 변환과 무관하지 않다. 인쇄술 이전에 그림이 있었는데 당시에 그림을 그리는 화가는 그렇게 높은 대접을 받지 못했다. 화가가 '직공' 수준을 넘어서서 '예술가'로 격상되기 위해 필요했던 것이 바로 '학문적 지식'이었다. 이 지식은 오늘날 '과학'이라고 불리며 일반적으로는 '지혜'라고 할 수 있는, 기술을 넘어선 차원에서만 획득할 수 있는 '주체적 앎'이다. 그림을 기술 숙련이라는 관점에서 '화가의 상상력'이라는 중요한 변수를 고려하는 관점으로 바라보기 시작한 것은 피렌체에서 융성한 인문주의가 끼친 영향 때문이었다.

이 인문주의를 떠받치고 있던 것이 바로 신 플라톤주의였으며 아이러니하게도 신 플라톤주의에 근거한 지식인들이 '지식의 대중화'라는 계몽주의적 입장들을 견지함으로써 개인을 신성시하고 절대시하는 근대 사상의 맹아들이 자랄 수 있었다. 우리에게 원근법을 발명한 것으로 잘 알려져 있는 레오네 바티스타 알베르티Leon Battista Alberti도 이런 사상적 흐름에서 등장했다. 원근법은 직인이 가진 기술에 불과했던 그림을 학문의 대상으로 올려놓는 중대한 변화를 예고했다. 알베르티는 화가도 직공도 아니었지만 학자로서 투시도법에 기하학적 기초를 부여해서 『회화론 De Pictura』이라는 책을 집필했다. 비록 서자 출신이었으나 알베르티는 명문가 자제였고 파도바와 볼로냐 대학에서 공부한 당대 엘리트였다. 이런 학식 높은 지식인이 그림에 관련한 이론을 구상했다는 것은 상당히 흥미로운 일이다.

알베르티의 원근법 이론에 대해 여기에서 자세하게 논할 필요는 없을 것이다. 다만 여기에서 지적할 것은 그가 내놓은 『회화론』 때문에 '그림=과학'이라는 르네상스적 공식이 성립했다는 사실이다. 이를 통해서 르네상스 화가들은 단순한 직공의 지위를 넘어서서 학자와 마찬가지로 지혜를 체득한 예술가로 대접받았다. 또한 여기에서 한 가지 짚고 넘어가야 할 중요한 문제는 『16세기 문화 혁명』의 저자도 지적하듯 알베르티가 『회화론』을 '지식의 대중화'라는 원칙에 근거해서 작성했다는 점이다. 이런 원칙에 충실하기 위해 알베르티는 라틴어로 저술한 원작을 후일 토스카나어로 번역하기도 했다.

　　라틴어에 능숙한 알베르티가 굳이 속어인 토스카나어로 자기 저술을 옮긴 저의는 '소수만이 아는 지식을 대중에게도 알려야 한다.'라는 계몽주의적 입장에 근거했다. 알베르티가 인쇄술에 대해 관심을 가진 것은 당연한 일이었다. 알베르티는 인쇄술을 접한 뒤에 "당대에 활자 인쇄 기술을 사용해 겨우 100일 만에 그것도 겨우 세 사람만으로 책 한 권을 200권 이상의 제본으로 만들어낼 수 있도록 한 독일 발명가에게 우리는 커다란 찬사를 보낸다."라고 진술하기도 했다.* 물론 알베르티는 선구적이었지만 그가 견지했던 '계몽적 입장'이 오늘날 우리가 생각하는 민주주의적인 지식의 대중화와 같은 것이라고 보기는 어렵다. 르네상스 시절 신 플라톤주의는 엄격한 위계

* 　야마모토 요시타카, 같은 책, 60쪽.

의식을 바탕으로 했다. 따라서 알베르티가 지식을 대중화하는데 관심을 보인 까닭이 그의 엘리트주의 때문이기도 했다는 사실을 기억해야 한다.

그는 천재라는 천부적 재능을 타고난 이들은 그렇지 않은 타인을 지도할 의무를 갖는다고 본다. 소수 엘리트와 대중을 구분하는 요소를 천부적 재능이라고 보았다는 측면에서 알베르티는 민주적 평등주의와 관계가 먼 사상을 품고 있다. 이런 까닭에 그가 직공과 기술자에게 부여한 중요성은 어디까지나 '도시'라는 르네상스적 공간을 분할하는 위계적 서열에 근거하여 이들이 맡은 역할에 대한 것으로 이들이 점하는 지위를 격상시킬 필요성에 동의했다고는 보기 어렵다. 그러나 이런 한계가 있는데도 그의 『회화론』이 앞서 말했듯 장기적인 관점에서 직공들이 처한 환경을 개선할 여지를 준 것도 사실이다. 알베르티라는 개인이 가진 의지나 입장과는 상관없이 르네상스 직공들은 그의 수혜자다.

이런 관점에서 다시 의사와 마녀의 관계로 돌아가보자. 앞서 의학 발달과 마녀사냥 사이에서 찾아볼 수 있는 연관성에 대해 언급했는데 이 또한 중세나 르네상스 시기에 의사가 해당 사회에서 차지했던 지위를 고려하면 해명해야 할 의문이 있다. 기본적으로 의료 시술을 수행했던 의사들도 그림을 그렸던 직공과 별반 다를 것이 없는 대접을 받았다는 사실을 상기해보자. 이들 또한 기술자에 불과했고 따라서 그 지위는 형편없었을 것이다. 이들은 처우 개선을 위한 조직화에 나서기도 했는데 프랑스 같은 경우 대학에 진입할 수 없었던 외과의들이 13세기부터 독자적으로 길드를 조직해서 자신들의 이해관계를 대변하기도 했다. 이 당시 의사는 일반적으로 우리가 의사라고 받아들이는 직업과 비슷한 '외과의'와 이발사의 원조에 해당하는 '이발 외과의'로 나뉘었는데 전자는 이발 외과의보다 한 단계 높은 기술 수준을 갖춘 것으로 인정받았지만 후자는 단순히 지시에 따라서 시체 해부 같은 일을 하는 단순직이었음에도 기술이나 기량에서 외과의에 뒤진다고 평가받지 않았다. 말하자면 외과의는 이발 외과의보다 높은 지위에 있었지만 실제로 이발 외과의가 오히려 기술면에서 더 평가를 받는다는 괴리가 있었다.

물론 외과의건 이발 외과의건 의사 자체가 이미 그리 높은 사회적 지위를 누리지 못한 이유 중 하나에는 손에 피를 묻히는 것을 꺼리는 중세 관습도 한몫을 했는데 과학이 발달하면서 이런 미신적인 요소들이 점점 사라지고 의사들이 운신할 수 있는 폭도 상당히 넓어졌다. 바야흐로 자기 조직화를 통해 정치적 권력을 강화한 의사 집단은 자체적인 교육과 면허 체계를 만들어서 세력화를 시도했다. 인쇄술 발달로 의학 지식이 대중화되면서 무자격 의료 종사자들이 증가하고 다양한 의료 시술 행위가 범람하기 시작하자 이를 규제하고 표준을 제정하기 위해 외과의 집단이 결집했다. 이런 시도는 의료 시장을 통제해서 생활 기반을 안정화하려는 의도에서 나온 것이었다. 따라서 그 과정 중 필연적으로 '마녀'에 대한 부정적 인식들이 생겨났을 것이라고 추측할 수 있다.

중세 의학의 종언과 과학의 출현

지금까지 살펴본 것처럼 마녀사냥은 임상 의학 출현이라는 시대적 변화와 맞물려 있는 사건이다. 중세 의학 이론은 주로 그리스 로마로부터 전승된 것으로 중세 말엽에 이르면 이런 이론에 도전하는 숱한 의료 사례들이 발생했다. 흑사병과 같은 새로운 질병이 등장하고 해부학이 발달하면서 인체에 대한 과학적 지식들이 축적되기 시작한 것이다. 이런 흐름에 따라서 상황은

마녀 프레임

기존 의학 지식을 고수할 수 없는 수준까지 이르렀다. 새로운 의료 사례들은 의학적 사실에 대한 선입견들을 뒤집는 지식을 요청했다. 이것을 한마디로 정의하면 '과학적 태도'의 출현이라고 말할 수 있다.

과학적 의학 지식은 중세 의학을 지탱했던 이론을 붕괴시킨 결정적인 동인이었다. 낡은 체계에 대항해서 완전히 새로운 의학 이론들이 나타나기 시작했다. 이 과정에서 중세적 관점에서 만들어진 질병 분류학 체계마저 의미가 없어졌다는 사실은 중요하다. 중세 시대 의사들은 이런 질병 분류 체계에 맞춰서 진단을 했는데 기존 의학 체계가 무너지면서 더 이상 진단 기준들을 마련할 수 없게 되었다. 소변 색깔이나 발병 시기에 별이 어느 위치에 있었는지에 따라서 병명을 진단하던 과거 방식은 이제 더는 쓸모가 없어졌다. 생리학 발달 덕분에 의사들은 이제 환자가 보이는 증상을 통해 진단을 하기 시작했는데 이런 변화에 따라 환자에 대한 새로운 관점들이 만들어졌다.

과학적 지식은 가설과 실험, 관찰과 증명이라는 단계를 밟아서 형성된다. 환자의 증상을 병리학적으로 관찰한다는 것은 이처럼 엄청난 변화를 예비하는 행위였다. 그러한 정황만을 놓고 보면 우리는 과학적 의학 지식과 마녀사냥을 연결시킬 매듭을 발견하기 어렵다. 의학과 진료 행위가 과학화되는 것이 어떻게 마녀사냥을 추동했는지 의구심이 드는 것도 당연하다. 그러나 여기서 과학이라는 것이 무엇인지에 대한 근본적인 고찰이 필요하다. 많은 과학 철학자가 지적하듯이 과학은 시대적으로 합의된 지식 체계를 의미한다. 따라서 중세 의학이 종언을 고하고 근대적인 의미에서 과학으로 부를 만한 의학 지식이 출현했다고 해도 역시 마찬가지로 낡은 것을 대체하는 새로운 '합의 체계'를 구성하기 위한 과도기를 통과할 수밖에 없다.

새로운 의학 지식은 '사실'에 근거했기 때문에 이론과 의료 행위 사이에 있는 괴리를 인지할 수 있었지만 동시에 그 때문에 전혀 이해할 수 없는 사실들과 빈번하게 조우할 수밖에 없었다. 기존 지식 체계가 무너졌기 때문에 더 이상 진단을 위한 준거점을 찾을 수 없는 상태에서 발견되는 낯선 사례들에 대해 이 시기 의사들은 적절한 설명을 하지 못했다. 즉 과학적 세계관은 특정한 것을 명확하게 했던 만큼 그 명확성의 범주에 들어오지 않는 것들을 '미지의 것'으로 남겨놓아야 했다. 여기에 의사들은 권위를 확보하기 위해 노력했고 따라서 지적 헤게모니를 쥐기 위한 여러 가지 방책들을 고안하였다. 이는 지식과 정치가 어떤 관계를 맺을 수 있는지를 잘 보여주는 사례다.

의학적인 직업의식이 병리학적인 차원이 얼마나 중요한지 깨달으면 깨달을수록 의료 행위에서 오는 무력감은 더더욱 커졌을 것이다. 원래 지식이란 이런 원리에 따라 작동한다. 아예 모를 때는 무엇을 모르는지 모르기 때문에 문제의식을 느끼지 못하지만 조금 알기 시작하면 모르는 것이 너무 많다는 것을 깨닫기 시작한다. 의학 이론으로 새로운 사실들을 모두 설명할 수 없다는 깨달음은 그것들을 일반적이지 않은 증상으로 해명할 다른 방도를 찾게 했다. 말하자면 과학적으로 설명할 수 없는 사안에 대해 해명할 방법이 있어야만 했다. '과학적인' 의학 지식을 통해 이해할 수 없는 증상을 정의하기 위한 가장 손쉬운 방법이 무엇이겠는가? 대답은 간단하다. 이런 증상에 대해서는 초자연적인 것이라고 말해버리면 된다.

　과학적 훈련을 받은 전문가인 의사들이 이해할 수 없는 이 증상들에 대해서는 '악마의 농간' 같은 인간의 능력을 벗어난 원인 때문이라고 주장하면 끝난다. 다소 황당하게 들리지만 논리는 간단하다. 의사는 자연적인 차원에서 환자가 보이는 증상을 파악하는 '과학자'이므로 의사가 판단할 수 없는 병은 초자연적인 차원에 원인이 있다는 것이다. 자연 문제를 다루는 의사는 초자연적인 원인 때문에 발생한 질병을 치료할 수 없다. 따라서 이런 질병을 발견했을 때 의사가 취할 수 있는 조처는 종교 지도자나 위정자에게 알리는 것뿐이었다. 왜냐하면 이것은 악마가 개입하여 발생한 것이기 때문이다. 지금 생각하면 어처구니없는 일이지만 당시 의사들은 나름대로 치밀한 논리를 갖추었다.

합리성은 종종 비합리성을 옹호하기 위한 방편이기도 하다. 16세기 유럽에서 일어난 일이 오늘날 한국에서도 기시감을 느끼게 할 정도로 천연덕스럽게 일어나는 현실을 보자. 한국 사회에서 어떤 사건을 둘러싼 해결책은 대체로 특정 개인이나 집단을 귀책자로 설정하고 책임을 모두 지우는 방식으로 이루어진다. 말하자면 사실 여부와 상관없이 '누가' 이런 끔찍한 사건을 저질렀는지에 대한 호기심이 사건을 일으킨 근본 원인을 파악하지 못하게 하고 유혹적인 스펙터클을 조장하는 것이다. 또 한때 한국 사회를 떠들썩하게 만들었던 김길태 사건을 상기해보자. 이 사건에서 중요한 것은 김길태라는 '범인'이었지 그 사건을 발생시킨 근본적인 원인이 아니었다. 사건의 귀책자만 '제거'하면 모든 문제를 해결할 수 있을 것 같은 착각이 여기에 드리워져 있다.

마녀사냥과 비슷한 상황이 21세기 한국 사회에서 되풀이되고 있다는 사실은 씁쓸하지만 16세기 유럽이 어떠했는지 돌아보면서 우리가 처한 상황을 재확인하는 작업은 꼭 필요하다. 어쨌거나 의학 지식 발달은 과학적인 방법에 대한 신뢰를 조장했고 인쇄술이 발달하면서 이런 과학적 지식 보급 역시 촉진되었다. 그러나 세계관이 급속하게 변화하면서 새로운 지식에 대한 신뢰가 커진 한편 반대급부로 과학적 지식이 판별할 수 없는 것들에 대한 의구심도 더욱 높아졌다. 중세 의학은 이승과 저승 사이에 어떤 장애물도 설정하지 않았다. 사람들은 죽고 병들고 사고를 당하지만 이것은 모두 '죽음 앞에 선 인간'이기 때문이라는 인식이 널리 퍼져 있었기 때문에 의학적인 치료를 그렇게 중요하게 생각하지 않았던 것이다. 어차피 늙고 병들어 죽을 것이 자명한 이상 그들은 특별한 삶에 대한 애착 같은 것을 갖지 않았다.

항상 죽음을 기억하는 것은 오히려 미덕으로 통했다. 이런 까닭에 중세 의학은 죽음과 고통에 대해 설명하는 것이 주된 목적이었다. 모든 질병에는 이유가 있었고 이유에 맞추어 치료법이 마련되었다. 비록 치료에 실패하더라도 그 이유는 병을 설명하는 의학 이론 때문이 아니라 제대로 그 이론을 실천하지 못한 의사 때문이었다. 의사는 세계나 개인에 대해 신이 세운 계획을 정확하게 파악해서 실행할 의무를 띤 존재였다. 그러나 16세기 이후에 이런 생각들은 더 이상 통하지 않았다. 어떤 의사들에게 이런 조건은 기존 질서를 무너뜨리고 새로운 지식 체계를 세울 수 있는 절호의 기회였다. 그러나 대다수 의사에게 이 상황은 공포심을 불러일으키는 혼란 그 자체였다. 마치 방 안에서 창문 밖에 몰아치는 폭풍우를 바라보고 있는 심정이었을 것이다. 언제 폭풍우가 유리창을 깨고 들어올지 모르는 불안감이 고조되었다.

이렇게 공포에 질린 의사들은 새로운 것을 결코 시도하지 않으려고 했다. 창조적인 활동 같은 것은 엄두도 내지 못했다. 공포는 이들이 활동할 수 있는 영역을 제한했고 지적인 차원에서 더욱 움츠러들게 했다. 이것은 어쩌면 통제권을 상실하지 않기 위한 궁여지책이었을 것이다. 구한말 조선이 취했던 '쇄국 정책'도 이와 유사한 상황으로 볼 수 있다. 도전적이고 창조적인 의사들은 새로운 지식을 쌓기 위해 고군분투했으나 의사 대부분은 아무런 대책을 세울 수 없었다. 낡은 의학 체계는 무너지고 신뢰하기 힘들었지만 새로운 의학 지식이 자신들을 도와주는 것도 아니었다. 모든 것을 새롭게 시작해야 할 지경에 이르러 이런 혼돈상은 두려움을 불러일으켰다. 지침이 사라져버린 치료 행위 가운데 의사들이 할 일은 별로 없었다.

　이런 상황에서 특정 질병은 세상의 혼란과 동일시되었다. 질병이 은유로 작동하면서 사회적 위계가 붕괴하고 통제 불능에 빠진 세계가 질병이라는 형태로 현신했다. 질병과 죽음에 대응하던 중세 의학이라는 체계는 산산이 부서졌다. 문화사가들은 이런 불안을 조건으로 근대적 인간이 탄생했다고 판단하는데 근대 사회 도래가 질병에 대한 은유와 겹쳐 있다는 사실은 흥미롭다. 낭만주의자들이 자신들의 질병과 사회 부패를 동일하게 생각했던 것을 상기해볼 때 시인이 앓던 질병이 곧 사회의 '앓이'를 상징했다는 사실은 16세기 무렵에 의사들이 세계를 바라보면서 실감했던 실제 상황을 우의하는 셈이다.

마녀의 질병

이렇듯 의학은 이제 규칙에 어긋나는 범주에 들어간 질병에 대해 통제력을 잃었다. 기존 의학이 쓸모없어진 것이다. 과거를 신뢰할 수 없게 된 이상 다른 방향을 선택할 수밖에 없었다. 질병에서 규칙을 찾아내어 분류해놓은 것이 중세 의학이었으나 초기 근대 의학은 이런 규칙에 포함할 수 없는 불규칙한 질병들을 많이 발견해내었고 앞서 언급한 대로 이를 설명하기 위해 필요했던 것이 '악마의 소행'이었다. 자연계에서 해명할 수 없는 것은 초자연적 범주를 통해 이해할 수밖에 없기 때문이다.

그러나 의학에 일어난 이런 변화가 마녀사냥을 직접적으로 초래했다고 보기는 어렵다. 왜냐하면 중세 의학에서는 여성도 엄연한 의사로서 대접을 받았고 의료 행위에 일원으로 참여했기 때문이다. '동료'를 특별한 이유 없이 마녀로 몰아가기는 어려운 일이다. 여기에서 중요한 것은 중세인들이 '예측'한대로 되지 않았을 때 마법을 의심했다는 사실이다. 중세는 규칙이 지배하는 세계였고 이 규칙이 흐트러지면 악마나 마녀가 마법으로 영향을 미친 것이라는 생각을 했다. 예를 들어 봄이 되었는데도 날씨가 춥고 꽃이 피지 않았다면 중세인들은 마녀가 부린 심술이라는 의혹을 품었을 것이다. 마찬가지로 밀을 심었는데 싹이 트지 않거나 맥주를 빚었는데 상해버리거나 버터를 만들었는데 응고가 되지 않았다면 곧바로 마녀를 의심했을 것이다.

그러나 의혹과 의심을 갖는다고 해서 마녀를 색출하고 처형대로 보낼 수는 없다. 무엇인가 계기가 있어야 한다. 그것은 대체 무엇일까? 분명한 것은 기존 의료 체계로 고칠 수 없는 '괴질'이 발생하자 근대 초기 의사들은 그 원인으로 마녀를 지목했다는 사실이다. 마녀사냥이 대체로 이런 알 수 없는 질병과 관련해서 발생했다는 점에서 이런 가설은 신뢰할 만하다. 문제는 의심을 실행에 옮기게 만든 고리를 찾는 것인데 여기에서 중요한 것은 마녀라는 존재 자체보다는 마녀가 유발할 수 있다는 질병 유형에 대한 사전 지식이다. 즉 이런 사전 지식을 통해 어떠한 특정 질병이 발생했을 때 사람들은 마녀가 저지른 소행이라고 단정을 내릴 수 있었다. 마녀가 퍼뜨리는 질병 유형에 대해 규정을 해놓으면 손쉽게 설명 불가능한 질병을 일으킨 원인으로 마녀를 지목할 수 있게 된다.

　주목할 것은 이 당시가 의학적인 과도기였다는 점이다. 중세 의학에서 근대 의학으로 넘어오는 시기에 새로운 의료 행위는 제한적인 집단만이 수행할 수 있었다. 따라서 근대 의학에 무지한 이들이 근대 의학 지식을 활용해서 제멋대로 진단과 처방을 내리는 경우도 많았는데 이런 상황에서 농부들은 과거에 가지고 있던 마녀에 대한 지식과 설익은 근대 의학 지식을 뒤섞어서 알 수 없는 질병의 원인을 손쉽게 찾아내고자 했을 것이다. 게다가 『마녀의 해머』 같은 책이 보급되면서 유포된 '마녀 식별법'은 세계가 직면한 혼란 자체에 대해 특정 개인 유형에게 그 책임을 돌림으로써 개인과 사회의 문제를 해결할 수 있다는 데에서 나온 발상이었을 것이다. 예나 지금이나 대중은 경험주의자다. 당시에도 대학에서 수학한 의사들은 자신이 쌓은 경험에 의거해서 의학 지식을 신뢰하지 않는 농부들에 대해 불만을 토로했다. 16세기로 접어들기 전에 중세 의학이 구체적으로 어떻게 몰락한 것인지를 알 수 있는 다음과 같은 진술이 있다.

14세기 말에는 우선 대학 의학부에서 수학할 자격을 지닌 소수 엘리트 의사, 그다음으로 생 콤 학원에서 교육받은 비교적 소수 집단으로서 외과의(장인 외과의), 이어 도제 제도를 통해 기술을 익힌 뒤 병원에서 숙식하면서 솜씨를 닦은 이발 외과의 그리고 그 밑에 약종상, 나아가 무자격 의료 종사자로 이뤄진 위계질서가 형성됐던 것이다. 의사는 극소수 상류 계급 환자를 진단해 약종상에게 약의 처방을 내려 주었다. 환자가 특별한 수술을 원할 때는 외과의에게 시켰고 외과의는 독자적으로 돈 많은 환자에 대해 외과 처치를 실시했다. 이발 외과의는 병원에서 외과의의 감독하에 또는 독립해서 일반적인 치료를

함으로써 일반 시민의 의료 수요에 부응했다. 그래도 이들의 의료 서비스를 받지 못하는 많은 빈민과 농민들이 존재했다. 무지몽매했던 시대였던 만큼 유복한 귀족이라고 해도 엉터리 같은 주술사나 기도사와 같은 부류들에게 매달리는 사례도 적지 않았다. 그러나 이 시대 의료의 최대 문제점은 의사의 절대수가 부족하고 특정 지역에 편재돼 있었다는 점이 아니라 의학 의료가 원래부터 힘이 없었다는 점이었다. 실제 질병이란 네 가지 체액(혈액, 점액, 흑담즙, 황담즙)의 균형이 깨진 데서 비롯한다는 갈레노스의 이론은 물론 당시 흔히 행해지던 소변의 색깔로 병을 진단하는 기술이나 치료 목적으로 피를 뽑는 사혈 등도 모두 병리학적 근거가 취약했다. 또 대학 의학부에서 가르치던 하제나 식이요법에 의한 치료도 효능이 보증된 것은 아니었다. 대학에서 배운 의사들은 철학과 논리학에 정통했지만, 인간의 몸에 대해선 사실 거의 아무것도 알지 못했다.*

이 인용문에서 확인할 수 있듯이 의학 지식이 처한 위기는 곧 의사에 대한 의심으로 이어졌다. 레오나르도 다빈치는 심지

* 야마모토 요시타카, 같은 책, 145쪽.

어 건강을 지킨다는 것은 의사로부터 몸을 지키는 것이라고 말할 정도였다. 그러나 이런 상황은 16세기 중엽을 지나면서 새로운 국면을 맞이하기 시작한다. 문맹률이 급격하게 낮아졌던 이 시기는 의학 지식이 대중화되는 것을 목격할 수 있는 때이기도 했다. 그러나 지식이 대중화되면서 단편적 지식에 근거한 왜곡된 의료 행위가 더욱 늘어나는 결과를 낳기도 했다.

무엇보다도 마녀에 대한 의혹은 농부들 사이에서 광범위하게 퍼졌다. 원래부터 농부들은 농사나 건강에 영향을 미치는 고블린이나 요정들에 대한 전설을 믿고 있었다. 그러나 16세기에 이르러 대중화한 과학 지식과 버무려져서 이런 믿음들이 구체적인 진실성을 획득했다. 마녀가 퍼뜨리는 특정한 병에 대한 지식이 근대 의학 혁명과 더불어 퍼져 나갔던 것이다. 마녀사냥에서 핵심적인 역할을 담당한 세력 중 하나가 바로 농부였다는 사실에 주의해야 하는 것이 이 때문이다.

16세기와 17세기에 이르는 시기 동안에 마녀가 특별한 공격 대상이었던 까닭이 근대 의학의 패러다임과 마녀사냥 논리가 결합했기 때문이라는 주장은 그래서 설득력을 갖는다. 일단 비슷한 종류로 분류할 수 있는 마법사들sorcerers은 마녀사냥을 피해 갈 수 있었는데 이 사실도 상당히 흥미롭다. 가톨릭교회는 모든 마법이 이교적이며 척결해야 할 악마의 농간이라고 보았지만 마법사들이 불러일으키는 혼란은 충분히 제어할 수 있다고 판단했다. 마법은 기본적으로 자연 현상을 변하게 하는 기술에 해당했기 때문에 마녀가 부리는 요술과 구분되었다. 또한 마녀는 '질병의 근원'으로 취급되었는데 이런 측면에서 마법사는 마녀와 구별되었다. 마법사는 충분히 통제 가능한 문제였지만 마녀는 그렇지 않았다. 그래서 마녀는 초자연적인 현상에 영향을 미쳐서 공동체를 뿌리부터 위기에 빠뜨리는 존재로 받아들여졌다.

마녀사냥이 질병 문제와 관련해서 근대적인 의학 혁명과 궤를 같이 한다는 것은 마녀사냥을 둘러싼 미스터리를 많이 해소해준다. 근대 초기는 중세적 위계가 붕괴하고 국가-민족-자본이라는 새로운 위계로 세계 질서가 재편되는 과정이기도 했다. 신흥 부르주아보다도 농부들에게 이 상황은 엄청난 혼란으로 비쳤을 것이다. 자신이 태어나서 자란 마을이 세상 전부인 줄 알고 있던 이들에게 갑자기 나타난 새로운 세계란 엄청난 불안 요소로 작용했다. 다가오는 새로운 세계는 농부들에게 '괴질'이라는 모습으로 나타났다. 과거 민간요법으로 더 이상 치료할 수 없는 질병이 나타난 것은 이들에게 곧 새로운 세계 자체가 가한 위협이었던 셈이다. 과거에 마녀는 폭풍우를 몰아오는 존재 정도로 간주되었기 때문에 신앙의 힘으로 충분히 통제할 수 있다고 믿었다. 이런 측면에서 마녀는 마법을 사용할 수 있는 여성 정도로 이미지화되었지만 질병이라는 개념과 마녀가 범주를 합치면서 사태는 전혀 다른 방향으로 전개되었다. 이 과정에서 걷잡을 수조차 없이 급격하게 마녀사냥 광풍이 밀어닥친 것이다.

마녀가 가져오는 질병은 괴이하고 불규칙하고 특별한 것으로 여겨졌다. 그래서 그러한 질병은 정상적이고 일상적인 방법으로 치료할 수 없다고 믿었다. 따라서 마녀를 처형할 때 증거 같은 것은 필요하지 않았다. 왜냐하면 마녀가 하는 일은 아무도 알 수가 없고 어떤 논리로도 설명할 수 없었기 때문이다. 어처구니없게도 마녀는 의심할 여지없이 마녀였다. 따라서 마녀는 '판별'하는 것이지 증명할 수 있는 것이 아니었다. 그저 유형에 맞으면 마녀였다. 지금까지 없던 낯선 질병이 창궐하면 어딘가에 마녀가 있다는 이야기다. 그래서 마녀를 찾아 나서다 보면 마녀 판별법에 들어맞는 대상을 찾을 수 있었다. 증거를 찾아낼 필요가 없었으므로 마녀사냥은 말 그대로 주관적인 게임이

마녀는 증명하는 것이 아니라 판별하는 것
이다. 그저 주관적인 게임일 뿐이었다.

었다. 마녀가 되는 순간 죽음을 면하지 못한다는 사실은 공포를 자아냈지만 또 그만큼 짜릿한 쾌감을 제공하기도 했다. 자신이 마녀인 줄 모르고 있다가 마녀라는 사실이 밝혀졌을 때 얻을 수 있는 해방감 같은 것도 있었을 것이다.

항상 마녀는 악마가 존재한다는 것을 증명하는 현실적인 증거물이었다. 설령 마녀의 집에서 평범한 약재밖에 발견하지 못한다고 해도 그 약재 자체가 중요한 것이 아니라 약재의 효능에 악마가 개입했을 것이라는 추측이 더 중요했다. 그렇지 않다면 마녀가 질병을 퍼뜨릴 수 없을 것이기 때문이다. 이런 판단 논리는 '마녀=악마에게 조종을 받는 존재'라는 공식을 기정사실화하고 이것을 증명하기 위한 목적으로 특정인을 마녀로 지목하기 때문에 발생한다. 모든 판단은 이 기정사실을 정당화하기 위해 동원될 뿐이다. 마녀의 특성이 드러나는 순간 해당 여성은 마녀이다. 그 외에는 아무런 이유도 없다. 마녀는 마녀일 뿐이라는 동어 반복이 마녀사냥을 지탱하는 논리기 때문이다.

흥미롭게도 마녀는 약초를 사용하는 민간 치료사와 일정하게 구분되었다. 왜냐하면 민간 치료사가 사용한 약초는 대체로 자연 영역에 속하는 것이고 중세 의학 지식 체계에 따르는 것이

마녀 프레임

었기 때문에 충분히 중세 의학적인 관점에서도 이해할 수 있었다. 다시 말해서 약초는 마녀의 요술이라고 부를 수 없는 자연법칙에 속하는 물질이었다. 그러나 마녀의 존재는 그렇지 않았다. 마녀는 일반적인 약초를 사용하지도 않거니와 아예 약초와 관계없는 '알 수 없는' 존재였다.

합리성의 이데올로기

마녀사냥은 우리에게 헤르베르트 마르쿠제Herbert Marcuse의 주장처럼 합리성이라는 것이 사고thought의 양식에 지나지 않는다는 사실을 말해준다.* 마르쿠제가 제기한 문제는 합리적인 사회가 더 나은 사회라는 일반적인 믿음이다. 마녀사냥이 근대 의학 지식과 결합해서 발생했다는 사실은 이런 마르쿠제의 주장에 힘을 실어준다.

의학 지식이 대중화하고 문맹률이 낮아질 즈음에 마녀사

---

*   Herbert Marcuse, *One Dimensional Man*, London: Routledge, 1964, p. 142.

냥이 극성을 부렸다는 사실은 합리성을 곧 진보이자 좋은 것으로 받아들였던 관점을 돌아보게 한다. 야만성과 잔인함과는 대비되는 것처럼 보이는 합리성이 마녀사냥에서 마녀를 식별하고 단죄하는 범주로 사용되었다는 사실은 무엇을 의미할까? 물론 모든 합리적인 태도가 문제라기보다는 합리성을 구성하는 이데올로기가 문제이다. 잘못된 전제 위에서 구성되는 합리성이야말로 가장 위험하다. 이런 맥락에서 파시즘이야말로 모든 것을 가능하게 하는 합리성이라는 측면에서 '초합리성super-rationality'이라고 부를 수 있다. 마녀사냥도 이런 초합리성과 무관하지 않다. 『방법에 반대한다 *Against Method* 』라는 책에서 과학 철학자 파울 파이어아벤트Paul Feyerabend 역시 마녀사냥의 신화와 과학의 상동성에 대해 지적한 것은 주목할 필요가 있다.* 파이어아벤트는 마녀사냥 신화에 대해 관찰에 근거해서 반대 증거가 될 수 있는 모든 사실을 사전에 배제하는 수준 높은 증명들을 달성하는 것이었다고 판단한다. 따라서 반대되는 사실이 있을 수 있음을 인정하지 않는 과학은 과학이라고 말하기 어렵다. 이처럼 마녀사냥은 과학적 지식이 어떤 경우에 신화로 전락하는지를

---

*   Paul K. Feyerabend, *Against Method*, London: NLB, 1975, p. 44.

정확하게 보여주는 사례기도 하다.

　　마녀사냥은 미신적 과학이었다. 과학과 미신이라는 어울릴
수 없는 조합이 만들어낸 이 현상은 마녀사냥꾼들이 무슨 이데
올로기에 사로잡혀 있었는지를 여실히 드러낸다. 마녀사냥은
조사를 더 진행해야 하는 상태에서 결론을 내려버림으로써 과
학적 방법에 도달하지 못했다.

　　과학이 적절한 기능을 수행하지 못할 때 어떤 사태가 발생
하는지에 대해서 마녀사냥은 우리에게 또 다른 교훈을 준다. 과
거 한국에도 유사한 사례가 있었다. 바로 황우석 사건이다. 지
금도 황우석 사건은 논란을 거듭하고 있는데 그 까닭은 이 사
건의 본질이 '원천 기술' 보유 여부보다는 과학을 빙자한 신화
가 출현했다는 측면에 있음을 모두 간과하고 있기 때문이다. 황
우석 사건은 어떻게 과학이 과학적이지 않은 방법으로 '국민 과
학'이라는 이데올로기를 만들어낼 수 있는지를 적확하게 실증
한 사건이었다. 마녀사냥 역시 이런 논리에 따라서 과학적이지
않은 신화가 과학적인 것으로 둔갑한 예다. 그리고 이 과정에는
교조주의가 작용했다.

황우석 사건을 있게 한 교조주의는 '먹고사니즘'이었다. 한국 사회를 '먹여 살릴 원천 기술'을 만들어냈다는 신화는 먹고 사는 문제가 제일 중요하다는 한국형 교조주의 때문에 가능했다.

마녀사냥 역시 이런 교조주의를 토대로 발생했다. 교조주의는 믿음에 합리주의를 부여하는 역할을 한다. 믿음에서 합리주의로 이동하는 과정에는 권력 문제가 개입한다. 수많은 여성이 마녀라는 명목으로 처형당했다는 사실은 여성이 가진 권력을 남성이 박탈했다는 상징적 의미를 내포하고 있다. 과학자는 자기 명제를 증명하기 위해 자신이 만들어낸 방법을 교조화하게 마련이다. 파이어아벤트가 지적하는 것도 이 문제다. 그에게 있어 과학자가 자신이 내세운 방법론을 절대시하는 방식은 마녀사냥에서 마녀재판관들이 취했던 태도와 별반 다를 것이 없다. 결국 마녀사냥이라는 것은 마녀를 식별하는 '방법'을 교조화했기 때문에 초래된 사건인 것이다. 물론 파이어아벤트의 주장을 과학 일반으로 확대해서 모든 과학이 궁극적으로 마녀사냥이라는 결론에 도달해서는 안 된다. 그의 주장은 합리성이 교조주의에 갇혀버렸을 때 어떠한 재난 상황이 닥칠 수 있는지를 경고하는 것이기 때문이다.

마녀 프레임

다시 정리하자면 1500년대와 1700년대 사이에 유럽은 대항해 시대를 맞이했고 이에 따라 엄청난 지리적 팽창을 겪었다. 이 과정에서 새로운 문물이 들어왔으며 안온했던 기존 세계는 종언을 고했다. 한 번도 접해보지 못했던 세계는 서양인들을 지적으로 자극했고 새로운 발견과 발명이 기존 인식 체계를 근본적으로 뒤흔들었다. 이 과정에서 의학 지식들도 혁명적으로 발전했다. 과학이 발달하면서 합리적으로 세계를 이해할 수 있는 길이 열렸지만 이 와중에 여성 수십만 명이 마녀라는 '미신적 주술'에 걸려서 살해당했다. 마치 19세기를 거쳐 20세기에 이른 현대 문명이 아우슈비츠에서 어두운 측면을 드러낸 것처럼 마녀사냥도 과학과 합리성이 상승일로를 걷던 시절에 발생했다는 점은 의미심장하다.

　　극단적으로 주장하면 마녀라는 것은 존재하지 않았다. 아니 존재할 수가 없었다는 쪽이 옳을 것이다. 오늘날 초등학생조차도 마녀가 실재한다고 믿지 않는다. 마녀는 판타지나 옛이야기에서 의미를 가진 상상 속 존재일 뿐이다. 그러나 16세기와 17세기에는 그렇지 않았다. 마녀는 실제로 존재했다. 또한 존재해야 했다. 그렇게 존재하지 않는 마녀를 존재하게 한 것은 마녀 프레임이었다. 프레임을 작동하게 만드는 것은 바로 이데올로기다. 이데올로기는 숭고한 대상을 필요로 한다. 이 대상은 욕망이 실현될 수 없다는 한계를 은폐하기 위한 절대적 대상이다. 절대적이라는 것은 경험과 증명을 초월해 있다는 뜻이다. 마녀는 불가능한 초기 근대 과학을 정당화하는 숭고 대상으로 작동했다. 자신이 세계를 온전히 통제할 수 없다는 사실을 은폐하기 위한 수단으로서 마녀가 발명되었다. 마녀 유형은 관찰에 의한 결과물이었지만 거기에는 반증 가능성이 전무했다. 마녀에 대한 식별법은 과학적 방법으로 '이미' 수립되어 있는 것으로 여겨졌다.

마녀사냥을 도덕적인 재난이라고 바라보는 시각도 없지 않지만 이런 해석보다도 세계와 주체 간 관계에서 발생한 위기를 해소하기 위한 하나의 상징 행위였다고 파악하는 것이 더 설득력 있을 것이다. 도덕의 붕괴는 원인이라기보다 증상에 가까운 것이기 때문이다. 마녀는 '영향력 있는 여성'에 대한 집단적 테러였다. 여성이 가진 권력이 확대되는 것에 대한 두려움과 동시에 공동체 위기를 여성에게 떠넘길 필요가 있었던 것이다. 여성 권력은 기독교적인 패러다임에 수렴되지 않는 이교적인 것이었다. 마녀사냥에는 이렇듯 사상적으로 서로 다른 노선을 걷는 특정 집단을 말살해버리려는 의식이 내재해있다.

이와 같은 현상은 오늘날에도 심심치 않게 목격할 수 있다. 특히 한국에서는 입장과 이념이 다른 타인을 참지 못하는 경향이 강한데 이런 관점에서 우리는 마녀사냥에 대단히 취약한 사회에 살고 있는 셈이다. 마녀사냥은 '미개한' 근대 여명기에 출몰한 사건이었다기보다 근대를 태동시킨 패러다임 그 자체에 이미 내재했다.

여기에는 과학 지식이라는 선명한 인식 체계에 모든 사물 현상을 포섭하려는 강박증이 드리워져 있다. 이 강박증은 이해할 수 없고 파악할 수 없으며 근대적 재현 체계에 들어오지 못하는 것을 모두 악마화하고 소멸해버리려는 심리적 기제에 의해 작동한다. 이 심리적 기제야말로 인종 청소나 빨갱이 사냥으로 끊임없이 되풀이해서 유령처럼 현신하는 마녀 프레임의 토대이다. 우리는 오늘날 과연 마녀 프레임을 벗어났는가? 이 질문은 여전히 아이러니하면서도 섬뜩한 느낌을 자아낸다.

3
마녀 프레임의 유령

마녀사냥에 대한 금지

1751년 8월 24일 토머스 콜리Thomas Colley라는 한 남자가 말스톤 그린에서 교수형에 처해졌다. 정육점 주인이었던 콜리는 7월 30일 유죄를 선고받았다. 살인죄였다. 이례적으로 그는 자신의 마을인 허트포드가 아니라 말스톤 그린에서 죽음을 맞이해야 했다. 그 처형을 특별하게 생각하도록 만드는 조처였다. 말하자면 콜리가 저지른 범행은 가정 폭력이나 폭행 치사 사건 같은 일반적인 폭력에 속하는 것이 아니었다. 그는 마을 주민들을 선동해서 한 노인 부부를 학대하도록 만든 주모자였고 이 학대 때문에 부인이 사망함으로써 교수형 판결을 받게 되었던 것이다. 오스본^{Osborne}이라는 성을 가진 부부의 이름은 각각 존과 루스였다.

콜리는 이 노인들을 마법사와 마녀라고 지목했고 마을 주민들은 콜리에게 동의했다. 남편은 또래에 비해 훨씬 건강해서 나이보다 젊게 보였다. 이 모든 '현상'이 비정상적인 것으로 받아들여졌던 것이다. '이상한 느낌'에 사로잡힌 마을 주민들 중 누구도 그를 고용하지 않았기 때문에 부부는 어려운 경제 형편을 견디면서 살아야 했다. 공동체 내에서 완벽하게 '배제'되어서 고립적인 삶을 살 수밖에 없었던 것이다. 농사에 문제가 생기거나 마을에 사고가 발생하면 마을 주민들은 이 부부를 탓하곤 했다. 그중 존 버터필드^{John Butterfield}라는 농부에 대해 이 부부가 마법을 걸었다는 것이 이 사건에 핵심적으로 작용한 고발 내용이었다.

이 부부가 부린 농간으로 버터필드가 소유한 가축들이 모두 죽었고 이 때문에 농사를 포기할 수밖에 없었다는 것이 요지였다. 버터필드도 무사하지 못해서 한동안 동물 울음소리를 내는 기이한 행동을 했다는 목격담이 있었다. 여러 가지 정황상 버터필드가 마녀사냥을 최초로 격발시켰지만 실제로 사냥이 벌어지자 콜리가 주동자로 나섰다. 후일 콜리는 당시에 만취해 있었기 때문에 과격하게 행동할 수밖에 없었고 결과적으로 군중을 선동하게 되었다고 진술했다. 그러나 조사 기록에 따르면 부부에 대한 마녀사냥은 치밀하게 준비된 것으로 밝혀졌다. 왜냐하면 마녀사냥이 벌어질 것이라는 사전 공고가 이웃 마을에 신속하게 퍼져 나갔기 때문이다.

오스본 부부를 살려내기 위한 노력이 있었지만 때는 너무 늦었다. 이들이 무고하다는 몇몇 주장은 성난 군중에게 전혀 통하지 않았다. 당시로 본다면 엄청난 규모인 5,000명이나 되는 군중이 모여들어서 오스본이 저지른 악행을 규탄했다. 오스본이 일하던 작업장을 허물고 고용주의 집까지 불태울 것이라고 위협했다. 작업장 주인은 공포에 떤 나머지 오스본이 사는 집을 알려주었고 군중은 오스본 부부를 끌어내 부인부터 먼저 연못에 던졌다. 마녀인지 아닌지를 밝혀내기 위해 물에 던져 넣는 일은 의례적인 마녀사냥 시험 방식이었다. 이 시험 방식은 참으로 모순적이었다. 마녀라면 악마가 와서 구해줄 테니 죽지 않을 것이고 반대로 물에 빠져 죽으면 마녀가 아니라는 사실을 밝혀낼 수 있다는 논리였다. 이 방식은 확실히 마녀를 구별해낼 수는 있겠지만 마녀로 지목당한 '여성'에게는 죽음 이외에 다른 길이 없다는 사실을 의미한다. 물에 빠져 죽느냐 아니면 불에

타 죽느냐 죽는 방법만 다를 뿐이다.

오스본 부인 역시 그렇게 잔인한 방법으로 살해당했는데 밧줄로 어깻죽지를 꽁꽁 묶어서 남자들이 그 양끝을 단단히 거머쥐고 잡아당겨 꼼짝을 못하게 만든 뒤에 연못에 빠뜨렸다가 건져내기를 수십 번 되풀이했다. 한마디로 '물고문'을 한 것이다.* 이 과정에서 오스본 부인은 한 벌씩 옷이 벗겨져서 최종적으로 알몸이 되었다. 보다 못한 남편이 부인을 구하고자 지팡이를 내밀었지만, 몇 번 손으로 그것을 잡으려고 했던 노력도 헛되이 부인은 끝내 숨을 거두었다. 오스본 부인이 목숨을 잃자 콜리는 구경꾼들에게 억울하게 죽임을 당했으니 보상을 해주어야 한다면서 후원금을 걷자고 권유했다. 얼핏 들으면 이해할 수 없는 사건 전개 과정이지만 실제로 일어난 일이었다.

18세기 영국에서 일어난 이 생생한 사건 기록은 마녀사냥의 본질을 잘 보여준다. 이 사건은 공동체에서 배제된 존재 특히 그중에서도 여성이라는 '날것의 생명bare life'이 어떻게 마녀라

---

*　이 사건에 대한 기록은 다음 책을 참조했다.
James Sharpe, *Instruments of Darkness: Witchcraft in England 1550-1750*, London: Penguin, 1996.

는 혐의를 받고 군중 심리에 의해 표적이 되어 죽음에 이르게 되는지를 정확하게 증언한다. 다만 주모자가 재판을 받고 유죄를 선고받았다는 점에서 다른 면모를 보인다. 콜리가 처형을 당한 사실이 증명하는 대로 영국 법정은 루스 오스본을 마녀로 인정하지 않았고 무고한 사람을 마녀로 몰아 살해한 콜리에게 죗값을 치르게 했다. 루스의 사망 원인은 익사였다. 이 당시에 이르면 마녀사냥이라고 해서 아무렇게나 사람을 살해할 수 있었던 것은 아니라는 사실을 유추할 수 있다. 콜리는 후원금을 걷자고 주장한 것을 사례로 제시하면서 자신이 오스본 부부를 돕고자 했다고 주장했지만 법정은 이런 요청을 받아들이지 않았다. 콜리는 결국 유죄를 선고받았다.

마녀사냥을 주도한 콜리는 왜 죽음을 맞이했던 것일까? 앞서 언급했듯이 마녀재판에서 마녀로 지목당한 혐의자를 물에 던져넣어 시험하는 것은 정당한 일이었다. 콜리를 비롯한 마을 주민들은 마녀라고 추정되는 루스를 연못에 빠뜨려서 마녀인지 아닌지를 판가름하고자 했다. 그러나 결론적으로 루스는 익사했고 콜리는 무고한 여성을 죽인 꼴이 되었다. 그러나 콜리의 죄목은 여성을 죽음에 이르게 했다는 것 자체보다 마녀로 지목한 여성을 결박해서 익사시켰다는 데 있었다. 물에 빠진 마녀가 살아나면 마녀인 것이고 그렇지 않으면 마녀가 아닌 것이었으나 콜리와 마을 주민들은 이 과정을 생략하고 자신이 마녀라고 '믿는 것'을 그대로 관철시켰던 것이다. 콜리는 죽을 때까지도 잘못을 인정하지 않았고 자신이 정당한 절차와 과정을 통해 오스본 부부를 심문했다고 확신했다.

콜리가 가졌던 신념은 무엇을 말하는가? 바로 마녀를 어떻게 규정해야 할 것인지 그 규범이 불분명하다는 사실이다. 마녀를 판단할 수 있는 기준이 명확하지 않다는 것은 마녀사냥이 사실상 심리적 문제에서 기원하는 사건이라는 사실을 재확인하게 한다. 이런 까닭에 그 재판을 지켜본 어떤 이는 "마녀는 실제로 존재한다기보다 얼빠진 사람들의 마음속에 존재한다"라고 말했던 것이다. 살인죄를 선고받은 콜리를 처형하기 위해 만들어진 교수대 주변으로 군중 소요를 막기 위해 군인들이 동원되었다. 삼엄한 경비를 펼칠 정도로 법과 마녀사냥 사이에 긴장 관계가 있었다는 뜻이다. 마을 주민들과 군중은 여전히 콜리가 무죄라고 주장했으며 마법을 즐긴 나쁜 노파 하나 죽인 것 때문에 콜리를 처형한다는 것이 부당하다고 생각했다.

18세기 영국이라는 특수성을 감안한다면 이 사건을 기술해서 기록으로 남긴 '시대정신'을 감안하지 않을 수가 없다. 이미 18세기는 계몽주의 시대였고 따라서 루스 오스본을 마녀라고 지목한 마을 주민들을 지칭해 '얼빠진 사람들'이라고 정의할 수 있는 시각이 나타났다. 콜리의 처형 기록 자체가 마녀사냥을 '불법'으로 간주하고 무지몽매한 망동으로 규정하는 담론이 출현했다는 것을 증언한다. 오히려 마녀사냥은 이 사건을 기록한 이에게 군중의 기묘한 모호성을 드러내는 증거였던 것인지도 모른다. 근대 국가 이념을 체현한 주체가 국가에 포섭되지 않은 상태로 남아있던 군중multitude을 보고 당혹감에 젖기 시작하는 시기와 마녀사냥 불법화는 맞물려 있는 것이다. 당시에 이미 영국 법정이 콜리에게 마녀는 존재하지 않고 마녀사냥은 미신이라는 사실을 설득한 기록을 남겼다는 것이 이 사실을 잘 말해준다.

근대 국가와 마녀사냥

마녀사냥을 촉발한 것이 인쇄술 발명과 마녀에 대한 지식 확산이었다고 한다면 마녀를 미신의 세계로 추방하고 마녀사냥을 옳지 않은 일로 규정한 것은 근대적 계몽주의에게 세례를 받은 사법 체계라고 할 수 있다.

오스본 부부 사건에서 또 하나 흥미로운 것은 콜리에게 '영혼의 죽음'을 설득하는 한 '신사gentleman'의 존재다. 이 신사란 누구인가? 18세기 말에 꼬리를 물고 당도할 19세기 신문 연재소설의 주인공이 바로 신사다. 찰스 디킨스Charles Dickens 소설은 이런 현실에 대한 허구적 재구성이다. 그래서 디킨스 소설에 흔하게 등장하는 '고아 주인공'이 계몽주의자들에 대한 알레고리처럼 읽히는 것도 무리는 아니다. 절애고도의 세계 속에 던져진 고아들은 궁극적으로는 당대 전통과 단절할 수밖에 없었던 계몽주의적 주체가 맞이한 운명을 보여주는 것 같다.

예를 들어 디킨스의 『데이비드 코퍼필드David Copperfield』를 보면 1인칭 시점으로 기술된 이 '고백의 문학'에서 주요 목적은 코퍼필드가 어떻게 태어나서 후일 신사로 성장하는지를 다루는 것이다. 이런 신사가 콜리의 처형에서 혼신을 다해 그를 계몽시키려고 노력했다는 역사적 진실은 상당한 의미를 내포한다. 유럽에서 있었던 마녀사냥은 흥미로운 문화사적 사유 거리들을 던져준다. 유럽의 마녀사냥이 관심을 끄는 까닭은 일반적인 생각과는 달리 마녀에 대한 심판이 대부분 16세기 이후에 일어났기 때문이다.

마녀사냥을 무지한 미신 행각으로 기록한 경우도 적지 않았다. 이 상황은 다양한 각도에서 해석할 수 있다. 근대 계몽주의 출현과 마녀사냥은 무관하지 않은 것이다. 특히 계몽주의가 실체화한 근대 국가는 가라타니 고진의 주장에 따르면 '자본-민족-국가'라는 삼위일체를 전제하는 것이다. 이 삼위일체로서 종교적 위계를 대체하는 것이 계몽주의가 맡은 역할이었다. 계몽주의는 종교에 의존하지 않고 인간 이성을 가치 판단 기준으로 제시하면서 행위가 적법한지를 분별할 수 있다고 믿었다. 따라서 이성은 권위를 구성하는 요소이자 또한 권위가 옳은지 그른지를 판단하는 기준 역할을 할 수 있었다. 이렇게 이성이라는 범주를 통해 적법하다고 인준된 것이야말로 세계를 구성하는 보편적이고 자명한 법칙으로 받아들여져야 한다는 것이 계몽주의가 견지하는 원칙이었다. 계몽주의에 대해서는 통일적이고 체계적인 사상이라기보다 가치 체계라고 파악하는 것이 옳다. 이 새로운 가치 체계는 자본주의 시장 경제와 과학적 방법론 그리고 자기 통치적인 평등한 개인에 기초한 국가라는 세 가지 범주를 전제하는 것이다. 이런 상황에서 종교는 '관용tolerance'

이라는 낯선 미덕으로 탈바꿈해야 했다. 이런 계몽주의적 가치 체계는 마녀사냥에서 드러나는 배타성과 어긋나는 것이다. 18세기 콜리의 처형을 바라보는 시선들이 서로 분열할 수밖에 없는 까닭이다. 가라타니 고진은 다음과 같이 말한다.

국가, 자본, 네이션은 봉건 시대에는 명료하게 구별되어 있었다. 즉 봉건 국가(영주, 왕, 황제), 도시 그리고 농업 공동체로 분명하게 구별되어 있었던 것이다. 그것들은 다른 '교환' 원리에 기초해 있다. 이미 말한 대로 국가는 수탈과 재분배 원칙에 기초하고 있다. 둘째로 그러한 국가 기구에 의해 지배되고 상호 고립된 농업 공동체는 그 내부에서는 자율적이고 상호 부조적이고 호혜적인 교환을 원리로 하고 있다. 셋째로 그러한 공동체와 공동체 '사이'에 시장, 즉 도시가 성립한다. 그것은 상호 합의에 의한 화폐적 교환이다. 봉건 체제를 붕괴시킨 것은 이 자본주의 시장 경제의 전반적 침투이다. 하지만 그 경제 과정은 정치적으로 절대주의 왕권 국가라는 형태를 취함으로써 실현된다. 절대주의 왕권은 상인 계급과 결탁하여 다수의 봉건 국가(귀족)를 무너뜨림으로써 폭력을 독점하고, 봉건 지배(경제 외적 지배)를 폐기한다. 그것이야말로 국가와 자본의 '결혼'인 것이다. 상인 자본(부르주아)은 이 절대주의 왕권 국가 안에서 성장하고 또 통일적인 시장 형성을 위해 국민의 동일성을 형성했다고 할 수 있다. 그러나 그것만으로 네이션은 성립하지 않는다. 네이션의 기반에는 시장 경제의 침투와 함께, 또 도시적 계몽주의와 함께 해체되었던 농업 공동체가 있다. 그때까지 자율적이고 자급자족적이었던 각 농업 공동체는 화폐 경제의 침투에 의해 해체되었고, 그것과 함께 공동성(상호부조나 호혜제)을 네이션(민족) 안에서 상상적으로 회복했던 것이다. 네이션은 오성적(홉스적) 국가와 달리 농업 공동체에 뿌리를 둔 상호 부조적 '감정'에 기반을 두고 있다. 그리고 이 감정은 증여에 대해 갖는 부담감 같은 것으로, 근본적으로 교환 관계를 내포하고 있다.[*]

민족이 상호 부조적이고 호혜적인 '감정'에 근거한다는 가라타니 고진의 지적은 상당히 의미심장하다. 이와 같은 주장은 '대화'와 민족을 서로 관계있는 것으로 파악했던 요한 고트프리

[*] 가라타니 고진, 『트랜스크리틱: 칸트와 마르크스 넘어서기』, 송태욱 옮김, 한길사, 2001, 44-45쪽.

트 헤르더$^{Johann\ Gottfried\ Herder}$의 입장을 통해 근거를 확보한다. 헤르더에게 언어는 광의에서 상호 인정을 전제하는 것이다. 따라서 헤르더가 말하는 언어라는 것은 단순한 '민족어'를 뜻하는 것이 아니라 문화 코드 또는 인식 체계를 지칭한다. 언어를 통한 정체성 확립은 일차적으로 내재적 도덕률을 독창성이 기인하는 원천으로 생각했던 사상에서 발전했다. 개인성을 인정함과 함께 민족성이 인정된다는 것으로 예를 들어 독일 민족이라면 독일인이 가진 본래성에 맞게 자기 인식을 획득해야 한다는 생각이 이와 같은 논리를 통해 출현한 것이다. 헤르더의 사상을 발전시켜서 다문화주의를 설명하려고 했던 찰스 테일러$^{Charles\ Taylor}$는 다음과 같이 주장한다.

헤르더적인 민족주의의 등장 이전에 미국, 프랑스, 그리고 특별한 방식으로 성립한 영국 같은 근대 민족 국가의 흐름에서, 일관성을 부여한 토대는 정치적 민족과 시민권에 대한 특정한 이상이었다. 그러나 이 국가들을 뒤따라 유럽 사회에서 실현되었던 민족 구성의 과정에서 언어가 지배적인 원리로 작동했다. 언어는 서로 다른 인민의 특성을 나타내는 표현적 용어에 기초해서 만들어진 민족주의 이론을 위한 명백한 토대였다.

말하자면 언어는 헤르더적인 방식으로 이해될 수 있는 '표현적expressive' 이론이었다.*

이처럼 민족을 형성하는 데 있어 중요한 것은 바로 언어의 역할이다. 언어는 단순하게 특정 민족이 가진 정체성을 구성하는 차원을 넘어서 인정을 위한 '표현적 이론'으로 파악되는데 이 인정 과정은 자신을 표현하고 타자가 하는 표현을 이해하는 방식으로 상호적인 관계를 맺을 수밖에 없다.

이런 맥락에서 자기 정체성 확립 과정은 '대화적dialogical'이어야 한다. 복잡하게 보이지만 생각해보면 간단한 이야기다. 인간이라는 행위자는 자기 자신을 인지하면서 완전한 주체로 태어난다. 이때 자기 자신을 인지할 수 있는 방법이 타자의 언어에 자기를 비추어보는 것이다. 이 과정을 가능하게 해주는 매개가 넓은 의미에서 언어다. 이 언어야말로 '표현의 언어'인 셈이다.

이렇게 새롭게 형성된 근대 주체의 조건을 감안해서 보면 콜리의 처형을 둘러싸고 분열된 시선에 대한 적절한 해석을 얻

* Charles Taylor, *Sources of the Self: The Making of the Modern Identity*, Cambridge, MA: Havard UP, 1989, p. 415.

어낼 수 있다. 말하자면 오스본 부인을 마녀로 몰아서 죽인 '마을 공동체'의 행위는 오성적 국가가 행사하는 사법 권력과 충돌을 일으키게 된다. 마녀사냥은 대부분 '감정'에서 출발하는 것으로 정확하게 말하면 과거처럼 상호 부조나 호혜적 관계가 형성되지 못하기 때문에 발생한다. 가라타니 고진이 "증여에 대한 부담감"이라고 규정하고 있는 것이야말로 마녀사냥이 깃드는 잉여의 처소인 것이다. 근대 국가는 이 잉여 문제를 적절하게 재분배하기 위한 대책이기도 하다.

경제적 자유가 계급적 대립을 유발하면 인민은 상호 부조적인 감정을 통해 이 문제를 국가에게 호소하고 국가는 다시 이에 근거해서 부를 재분배한다. 마녀사냥은 이렇게 민족주의로 깨끗하게 수렴할 수 없었던 전근대적 공동체 관념이 유령처럼 귀환한 것이다. 이런 상황은 왜 발생하는 것일까? 더 이상 물물교환이라는 '감정'의 맞교환이 작동하지 않는 세계가 도래했기 때문이다. 이 세계는 정확하게 부르주아의 이해관계를 지배 이데올로기로 체현하고 있는 사회이기도 하다. 익히 알려진 것처럼 마르크스는 자본가 달리 말하자면 '신사'라고 불리게 된 부르주아 주체를 분석하면서 이런 사회적 전환에 대한 흥미로운 분석을 제시한다.

자본가가 잉여 가치의 일부분으로 자신의 소비를 위해서 구입한 상품이 그에게 생산이나 가치 증식 수단으로 사용되지 않는 것과 마찬가지로 그가 자신의 갖가지 자연적, 사회적 욕망을 충족하기 위하여 구입한 노동은 생산적 노동이 아니다. 이런 상품이나 노동을 구매함으로써 그는 잉여 가치를 자본으로 전화하는 대신 그것을 수입으로 소비하거나 지출한다. 헤겔이 정확하게 지적하듯이 옛 귀족은 "수중에 있는 것을 소비해버리는" 성향과 사람을 부리는 사치를 과시하는 성향이 있는데 부르주아 경제학에서는 이와 반대로 가장 결정적으로 중요한 것이 자본의 추적을 시민의 일차적 의무로 선포하고 들어가는 비용보다 더 많은 것을 가져올 추가적 생산적 노동자를 얻는 데 수입의 전부를 (그 일부가 아니라) 지출해버리면 축적이 불가능해진다는 것을 부단히 설교하는 일이었다. 다른 한편 부르주아 경제학은 세간의 편견과도 싸우지 않으면 안 되었다. 그 편견이란 자본주의적 생산을 화폐 축장과 혼동하고 축적된 부를 그 현존하는 현물 형태의 파괴(즉 소비)를 모면한 (또는 유통에서 구출된) 부라고 생각하는 것이다. 화폐를 유통하지 않고 묶어두는 것은 화폐를 자본으로 전화해 가치를 증식하게 하는 일과 정반대의 행동이며 단순히 축장하기 위해서 상품을 축적하는 것은 참으로 어리석은 짓에 지나지 않는다.*

마르크스는 여기에서 부에 대한 전혀 다른 가치 체계가 출현했음을 말한다. 부르주아에게 중요한 것은 '자본주의적 생산'과 소비이지 이런 메커니즘에서 벗어난 부의 소유가 아니다. 부의 소유는 전근대적인 교환 방식에 근거하는 것인데 예를 들어 포틀래치^{potlatch}처럼 자본 축적과 무관하게 체면을 과시하기 위한 선물 교환 같은 것은 부르주아에게 어리석은 행동에 지나지 않는다. 부르주아는 중세적 편견과 싸우면서 새로운 부라는 개념을 정립하고자 다양한 도덕적 가치 체계를 만들어냈으며 이를 뒷받침하는 중요한 이데올로기가 바로 계몽주의였다.

부르주아에게는 잉여 가치를 자본으로 전화해서 상품 생산 메커니즘을 유지하는 것이 중요하다. 부르주아에게 중요한 것은 잉여 가치뿐이다. 자본가는 잉여 가치 중에서 일부를 소비하고 나머지는 자본으로 사용하거나 축적한다. 이 축적 과정에

* 칼 마르크스, 『자본 I-2: 정치경제학 비판』, 강신준 옮김, 길, 2008, 806-807쪽.

마녀 프레임

서 자본은 '인격화'한다. 일정한 잉여 가치 양을 어떻게 분할할 것인가? 이 문제를 좌지우지하는 존재가 바로 자본가이고 이런 분할 행위를 통해 자본은 자본가라는 인격을 획득한다. 마치 중세 영주처럼 임금을 주는 자본가는 이 순간 노동자의 주인처럼 행세한다. 임금을 받는 노동자에게 자본은 곧 자본가라는 주인의 인격으로 현시하는 것이다. 임금을 많이 주는 착한 자본가와 임금을 적게 주는 나쁜 자본가가 이렇게 나타난다.

그러나 모든 자본가는 말 그대로 인격화한 자본에 지나지 않는다. 그가 가진 목표는 오직 '가치 증식'일 뿐이다. '인격화된 자본'으로 존재할 때만 존중을 받을 수 있는 자본가는 중세적인 화폐 축장자와 동일하게 절대적인 부를 달성하기 위한 욕망을 품는다. 그러나 이런 욕망은 더 이상 개인적인 차원에 머물지 않고 사회적인 차원으로 확장된다. 한국 사회에서 작동하는 삼성이라는 대기업은 무엇을 의미하는가? 이건희라는 자본가 개인은 '대한민국을 먹여 살리는 구세주'라는 기표로 전환한다. 이건희에게 한 가지 다른 점이 있다면 마르크스가 『자본』에서 논하고 있는 '근대적 자본가'라는 범주에 미치지 못한다는 사실이다. 마르크스는 "자본가의 모든 일거수일투족이 자본가를 통해서 의지와 의식을 부여받는 자본의 기능에 지나지 않는 한 자본가 자신의 사적 소비는 자본주의 축적에 대한 도둑질로 간주된다"라고 말했는데 이건희 일가와 삼성 간 관계는 보기 좋게 이런 자본가의 도덕을 위반하는 것처럼 보이기 때문이다.* 마르크스를 거론하는 것도 사치스러운 전근대적인 화폐 축장자의 잔재를 고스란히 확인할 수 있는 한국 자본주의 현실이라고 해야 할까? 그만큼 이건희를 위시한 한국 자본가들은 축적이라는 자본주의 규율을 적절하게 체득하지 못하고 있다는 말이기도 할 것이다.

마르크스가 언급하듯이 축적이라는 것은 사회적 부의 세계를 정복하는 것이다. 그리고 이 과정에서 자본가는 단순한 자본의 화신이라는 차원에 더 이상 머물 수가 없게 된다. 고전적 자본가와 근대적 자본가 사이에 나타나는 차이는 여기에서 발생한다. 고전적 자본가가 자기 소비 행위를 윤리적으로 합당하지 않은 일이라고 여긴다면 근대화한 자본가는 축적을 "자신의 향락욕에 대한 '금욕'으로 이해"한다.** 축적을 강화하는 것이 자본

* 칼 마르크스, 같은 책, 811쪽.
** 칼 마르크스, 같은 책, 812쪽.

가에게 '관례적인 수준의 낭비'를 허락한다. 로또를 통한 일확천금이 가능하고 사치는 자본에 수반하는 교제비로 통용된다. 오늘날 우리가 목격하는 자본가에게 관대한 사회는 이렇게 자본주의 축적 방식 자체에 내장되어 있는 것이다. 이런 맥락에서 본인 의지와 무관하게 자본가는 필연적으로 부를 위해 타인의 노동력을 착취할 수밖에 없다. 자기에게 향락을 허락하는 대신에 자본가는 노동자가 방종하는 것을 통제할 필요를 느낀다. 그렇게 억제를 강요해야만 자본가는 더 많은 부를 획득할 수 있기 때문이다. 마르크스는 이렇게 말한다.

> 자본가의 낭비는 방종한 봉건 영주의 낭비처럼 악의 없는 성격을 띠기는커녕 오히려 그 배후에 언제나 극히 불순한 탐욕과 극히 소심한 타산이 잠재해 있다. 그럼에도 그의 낭비는 그의 축적과 함께 증대하며 하나가 다른 하나를 중단시킬 필요가 없다. 그럼으로써 개별 자본가의 감속에는 축적의 충동과 향락의 충동이 파우스트의 갈등처럼 동시에 전개된다.*

---

* 칼 마르크스, 같은 책, 813쪽.

자본가라는 존재는 필연적으로 분열 충동을 의식에 새겨놓을 수밖에 없다. 물론 이런 진술은 자본가-부르주아라는 근대 주체를 마르크스의 시선에서 바라본 결과물이다. 마녀사냥에 가담한 무지몽매한 콜리와 군중을 안쓰러운 눈으로 지켜보았던 그 '신사'가 품은 마음에 이 분열은 아직 일어나지 않았다. 마녀사냥에 대한 태도 변화는 이처럼 자본-민족-국가라는 새로운 삼위일체가 등장했음을 보여주는 징후일 것이다.

마녀, 날것의 생명

합법적인 마녀사냥이 막을 내린 시기는 1782년으로 알려져 있다. 마지막 마녀 처형은 스위스에서 일어났고 사람들은 왜 마녀를 처형할 수밖에 없었는지를 논리적으로 진술해야만 했다. 합리주의를 원칙으로 삼는 재판 절차가 마녀사냥을 점점 불가능하게 만들어가고 있었다. 18세기 중엽에 이미 계몽주의 사상가들은 마녀사냥을 무지몽매하고 어리석은 행동이라고 결론 내렸다. 따라서 이런 사상이 전파되고 사회 전반적인 가치 체계를 바꾸는 것은 시간 문제였다. 마녀를 둘러싼 광기에 대해 계몽주의 사상가들이 펼친 비판은 종교에 대한 불편한 시각과 관련이 있었다. 마녀사냥을 미신과 몽매에서 나온 산물로 판단함으로써 계몽 사상가들은 중세적 가치 체계에서 중요한 역할을 했던 종교의 영향력을 약화하려고 했다.

그 대표적인 인물은 볼테르Voltaire였다. 볼테르는 마녀사냥이라는 광기에서 나온 행태를 적극적으로 비판한 '지식인'이기도 했다. 그에게 마녀재판은 '사법 살인'이자 이성이 가진 힘을 신뢰하지 못하는 무지한 자들이 벌이는 난장판이었다. 볼테르는 사상의 자유를 지지했지만 그렇다고 민주주의를 신봉하지는 않았다. 볼테르가 가진 생각은 앞서 언급한 콜리의 처형에 대해 '신사'가 보인 태도와 일치하는 것이다. 이들 부르주아에게 마녀사냥은 야만성을 상징했고 종결되어야 할 비합리적인 폭력으로 비쳤지만 이것이 자명하게 대중과 자신이 평등함을 전제하는 것은 아니었다.

이와 같은 정서를 감안할 때 마녀사냥은 계몽주의를 통해 종식되었다는 것이 합당할지도 모른다. 그러나 과거 역사를 돌아보면 고개를 갸웃하게 된다. 마녀사냥을 무지몽매와 미신에 따른 광기라고 단죄했던 그 계몽주의 시대 이후에도 마녀사냥은 멈추지 않았다. 마녀는 끊임없이 현대사에서 양산되었고 지금도 여전히 지속되고 있다. 예를 들어 과거 아우슈비츠가 그랬고 매카시즘이 그랬으며 지금은 무슬림에 대한 탄압이 그러하다. 한국으로 좁혀서 말하자면 빨갱이 사냥이 바로 어떠한 마녀사냥이라고 말할 수 있을 것이고 용산 참사 같은 경우도 뚜렷이 마녀사냥적 성격을 띤 것으로 보인다. 최근까지도 마녀사냥은 멈추지 않고 귀환을 거듭하고 있다. 한국에서 인터넷 발달이 가져온 폐해 중 하나로 '인터넷 마녀사냥'을 들 수 있다. 언제든지 불특정 다수에게 공격을 받는 '마녀'가 될 수 있다는 것은 엄연한 현실로 우리 앞에 놓여 있다. 한동안 언론과 인터넷을 떠들썩하게 했던 가수 타블로를 둘러싼 학력 위조 논란에서 이 사실은 다시 확인할 수 있다. 타블로 사건에서 알 수 있듯이 마녀사냥은 시민 사회와 법이 서로 관계를 완전히 정립하지 못한 상황과 급속한 사회 변동 때문에 가치관 혼란 그리고 대상에 대한 혐오를 지지해주는 합리적인 근거 때문에 발생한다. 물론 여기에 집요하게 마녀사냥의 대상을 지목하고 악의 근원을 밝혀내려는 주동자들도 한몫 할 것이다.

르네 지라르[René Girard]가 지적한 것처럼 문화는 폭력을 감추기 위해 만들어진 순화제일지도 모른다.* 지라르에게 폭력은 자연적인 것이라기보다 인공적인 것이다. 이런 맥락에서 지라르가 근대 국가 기원에 원초적인 폭력이 감추어져 있다고 말했을 때 그 의미는 토마스 홉스Thomas Hobbes가 말하는 "죽음에 대한 공포"라는 차원을 넘어선다. 잘 알려져 있다시피 홉스는 자연 상태에서 개별 인간이 직면하는 만인에 대한 만인의 투쟁이라는 동물적인 상황을 극복하기 위해 국가가 필요했던 것이라고 언급한다. 이런 까닭에 홉스는 국가와 계약을 맺은 인민people과 그렇지 않은 상태에 있는 군중mob을 구분하고 있는데 홉스에 따르면 군중이야말로 자연 상태 말하자면 야만성의 체현이라고 말할 수 있다. 홉스의 생각은 앞서 살펴본 볼테르를 위시한 계몽주의 사상가들이 취한 입장과 크게 다르지 않다.

그러나 홉스가 말하는 자연 상태라는 것은 사실 지라르가 언급한 인공적 폭력을 전제하지 않으면 존재할 수 없다. 이 사실은 조르조 아감벤Giorgio Agamben이 적절하게 지적하고 있는데 홉스가 언명한 자연 상태라는 것은 국가의 법이나 그 법 이전 상

---

*   René Girard, *Violence and the Sacred*, tr. Patrick Gregory, Baltimore: Johns Hopkins UP, 1977, p. 55.

황을 뜻하는 것이라기보다 법 자체를 구성하고 작동하게 만드는 예외성을 뜻한다.* 말하자면 아감벤은 홉스나 볼테르, 더 나아가서 지라르가 구상하고 있는 국가 기원론을 근본에서 뒤집어버린 것이다. 이는 결론적으로 상징계로 진입하지 않은 실재 상태는 '아무 의미도 없다.'라는 사실을 뜻한다. 여기에서 아무 의미도 없다는 것은 아무것도 존재하지 않는다는 의미이다.

아감벤의 관점에서 마녀사냥을 해석해보면 '마녀'는 법 내부에 고정되는 '예외성'을 드러내는 존재이다. 따라서 마녀사냥은 계몽주의 사상가들이 생각했던 것처럼 과거의 무지몽매가 만들어낸 야만에서 나온 산물이라기보다 근대를 이루는 자본-민족-국가라는 삼위일체를 구성하기 위해 필요한 요소일지도 모른다. 이런 가정이 옳다면 마녀라는 존재는 법 자체를 요청하도록 만드는 알 수 없는 어떤 대상을 의미한다. 그러므로 마녀에 대한 식별법이 말해주듯이 마법 자체보다 중세까지 '기술'이라고 통용되었던 마법이 갑자기 무지와 미신을 대변하는 '사술'로 인지되는 그 과정이 곧 문제가 된다. 마법을 '비과학적인 것'

---

*   Giorgio Agamben, *Homo Sacer: Sovereign Power and Bare Life*, tr. Daniel Heller-Roazen, Stanford: Stanford UP, 1998, p. 107.

마녀 프레임

이라고 인지하게 만드는 그 관점을 가능하게 만드는 순간 이 지점에서 근대 체제가 탄생하는 것이다.

아감벤에 따르면 '신성한 것the sacred'이라는 말에 숨어 있는 의미는 법과 희생 제의라는 영역 바깥에 있는 폭력의 대상을 의미한다. 신성하거나 성스럽다는 것은 제의 이전에 죽일 수 있으며 법 안에 있으면서 법 영역에 속하지 않는 곳에 위치한 것으로 여겨지는 대상이다. 따라서 '신성한 인간homo sacer'은 법과 법 사이에서 존재하지 않는 것으로 간주되는 '비존재'다. 이런 논리에 의하면 마녀는 단순하게 광기에 바쳐진 희생양이나 폭력에 노출된 제물이었다고 보기 어렵다. 오히려 마녀는 자본-민족-국가라는 삼위일체가 수립되어가던 시기에 법이 내포한 한계를 드러냈던 비존재적 징후가 된다. 법이 수립되기 위해서는 곧 법으로 '존재화'할 수 없는 '비존재들'이 형성될 수밖에 없다. 마녀는 법 안에 존재하지만 법이 규정하는 존재 영역에서 이탈해 있는 비존재인 것이다.

법은 마녀 처형에 대한 죄를 물어 콜리를 처형했지만 그렇다고 오스본 부인을 보호하지는 못했다. 부르주아 신사는 콜리와 마을 주민이 저지른 행위를 '야만적'이라고 규정했으나 그렇다고 오스본 부인에게서 예외성을 인지한 것은 아니었다. 오스본 부인은 '경계 위의 비존재'라는 예외성 때문에 폭력의 대상으로 지목당해서 죽어야 했다. 이 폭력은 바로 보이지 않는 존재에 대한 폭력을 의미한다. 나타나지 않는 것은 존재하지 않는다. 이런 까닭에 마녀사냥은 계몽주의 지배 이후에도 사라지지 않았다.

마녀는 언제나 자본-민족-국가라는 삼위일체를 유지하기 위한 예외 상태로 남아 있다. 이것이 바로 마녀 프레임을 여전히 작동하게 하는 원천이다. 예외적 존재야말로 근대 국가를 위한 희생양이다. 이 희생양은 과거에 여성이었고 유태인이었고 '빨갱이'였지만, 오늘날도 여전히 무슬림이고 동성애자고 이주 노동자의 모습으로 현신하고 있는 것이다. 지금 우리는 법에게 보호받고 있지만 언제든지 법과 법 사이에 놓이는 '호모 사케르'가 될 수 있다는 사실이 중요하다. 왜냐하면 자본-민족-국가는 언제나 예외적 존재를 보이지 않는 지점에 고정해놓고 있기 때문이다.

사법 체계와 마녀사냥

지금까지 논의한 것처럼 유럽에서 마녀사냥은 본질적으로 사법 체계 출현과 무관하지 않다. 물론 마녀와 마법에 대해 농민들이 품은 믿음은 광범위했고 이들의 증언이 마녀사냥에서 중요한 역할을 했지만 결정적으로 마녀사냥에서 발생한 문제를 해결한 것은 사법 체계였다. 마녀사냥의 종식은 사법 체계 정립과 밀접하게 관계를 맺고 있다. 이런 사실은 수많은 재판 기록이 증명하고 있다. 게다가 악마학에 근거한 다양한 기록물들을 작성한 장본인이 판사들이었다는 사실을 상기할 필요가 있다. 『마녀의 해머』를 집필한 크라머와 스프렝거도 사법적 판단에 근거해서 다양한 마녀에 대한 기록을 남겼다. 따라서 마녀사냥은 명백하게 사법적 차원을 내재하고 있었던 셈이다.

따라서 마녀사냥은 궁극적으로 마녀로 표상할 수 있는 공포를 다스리기 위해 법이 개입한 것이었다. 혼돈을 질서화하기 위해 보이지 않는 것을 존재하게 만들 필요성이 사법 체계를 통해 제기된 것이다. 이런 까닭에 마녀사냥을 추진하는 논리는 정연했고 이 과정을 통해 정교한 사법 체계가 발전할 수 있었다.

물론 모든 유럽 국가가 마녀사냥을 통과하면서 사법 체계를 정립한 것은 아니다. 지역별로 다양한 사법 체계가 있었는데 로마법 영향 아래에서 형성된 사법 체계가 있었던 반면 영국처럼 로마법 바깥에서 지역적인 특색에 맞춰서 자신이 공통법을 만든 경우도 있었다. 유럽에서 법은 당시에 이미 고문 사용을 극도로 제한했지만 마녀사냥은 예외였다. 마녀로 지목당한 용의자는 고통스러운 고문을 받다가 절명했다. 로마법을 따르지 않았던 영국 같은 경우는 판사 재량이 큰 역할을 했기에 재판 절차를 위한 '증거'가 판결에 중요한 영향을 미쳤지만 다른 지역은 그렇지 않았다. 자백을 받아내기 위한 고문이 자행되었고 이 과정에서 용의자는 대체로 범죄 사실을 고통 속에서 인정할 수밖에 없었다.

그러나 입증주의에 근거한 사법 체계가 점차 발전하고 계몽주의가 지배적인 담론으로 부상하면서 마녀사냥은 군중 심판에 대한 문제가 아니라 법원에서 관할하는 사안으로 전환되었다. 과학 발달과 더불어 마법에 대한 믿음도 점차 희미해져 갔지만 어디까지나 이런 현상은 '식자층'에 국한해야 할 것이다. 마녀에 대한 막연한 공포는 19세기까지도 남아 있었기 때문이다. 오늘날 대중문화에서 손쉽게 확인할 수 있는 '친근한' 마녀라는 판본에 와서야 마녀가 비로소 '다른 이웃'이라는 의미를 획득했다고 평가할 수 있다. 이런 의미에서 마녀에 대한 서구 문화를 통해 타자에 대해 서구 사회가 보이는 태도를 읽어내는 것도 흥미로운 일일 것이다. 〈메리 포핀스〉나 〈프랙티컬 매직〉 같은 영화에서 마녀는 더 이상 흉측한 공포의 대상이기를 멈추고 비로소 색다른 친구처럼 재현되며 〈위키드〉 같은 뮤지컬에서는 '특이한 영웅'으로 그려지기도 한다. 특히 〈해리 포터〉 시리즈는 마녀와 마법에 대해 대중문화가 태도를 바꾸었음을 여실히 보여준다.

이 사실들이 말해주는 것은 무엇일까? 과학적 세계관을 토대로 탄생한 근대 주체는 더 이상 마녀나 마법 같은 기이하고 비현실적인 것을 신뢰하지 않는다. 다시 말해 마녀와 마법은 현실에 대한 알레고리로서 대중문화에 의해 소비되고 있을 뿐이다. 더 이상 마녀와 마법은 공포의 대상이 아니다. 마녀에 대한 믿음을 확대 재생산한 세력이 농민 계급이었다는 사실에서 이 문제를 이해할 수 있는 실마리를 얻을 수 있다. 마녀에 대한 공포는 궁극적으로 평안한 삶에 대한 위협을 제거하기 위한 심리 작용을 직간접적으로 반영한다. 자본주의 축적 방식 확산은 농민 계급이 가진 가치관과 공동체 의식을 위협했고 마녀는 이에 대한 대속의 희생양으로 호출되었던 것이다.

오스본 부부처럼 당시에 군중은 자신에게 가해지는 혼란과 불안이 마녀와 그 마법 때문에 발생하는 것이라고 생각할 수밖에 없었다. 마녀사냥에 가담한 군중이야말로 법 지배를 매개로 도래한 자본-민족-국가라는 삼위일체 체계에 저항했던 세력이었던 셈이다. 콜리의 처형은 바로 이 사실을 보여준다. 근대 국가에서 법은 이 군중이 행한 즉결 처형을 가만히 놓아둘 수 없었다. 이렇게 마녀와 마녀사냥에 대한 법 개입은 근대 국가 출현을 예비했던 중요한 기제였다.

이런 까닭에 마녀는 단순하게 근대 국가에 희생당한 불쌍한 존재로 규정하기 어려운 측면을 갖는다. 근대 사법 체계는 마녀사냥을 야만적인 행위로 규정하고 마녀에 대한 믿음 자체를 비과학적인 미신이라고 치부하기 때문이다. 이런 관점에서 본다면 마녀는 실제로 존재하지 않는다. 하지만 계몽주의에게 세례를 받은 식자층을 제외하고 여전히 마녀에 대한 믿음은 프레임으로서 상존한다. 기독교 근본주의자들에게 마녀라는 존재는 사탄의 간섭을 증언하는 것이다. 앞서 말했듯이 이런 마녀사냥 형태가 종교적인 차원에서만 일어나는 것은 아니다. 한국 사회로 이 문제를 끌고 들어오면 우파들이 즐겨 노래하는 '친북 인사' 타령을 들 수가 있다. 이들의 주장은 정확하게 마녀를 색출해 물에 빠뜨린 뒤에 사탄이 출현하기를 기대했던 군중심리를 닮았다. 한국 우파들에게 사탄은 북한이다.

한국 사회에서 누구라도 '친북 인사'나 '빨갱이'가 될 수 있다는 것은 우파들이 벌이는 행태가 현대판 마녀사냥이라고 말할 수 있게 한다. 과거 냉전 체제가 기승을 부리던 시절에도 반공주의적인 마녀사냥은 한국 사회를 움직이던 강렬한 기제였다. 이런 잔재가 미처 가시지 않은 상태에서 한국 우파들은 세계화 과정에서 닥친 변화에서 비롯한 충격을 모두 '친북' 탓으로 돌리기 바쁜 것이다. 그러나 사법 체계는 우파들이 직접 행동하는 것을 통제하고 제한한다. 이것이 바로 계몽주의를 굳건하게 체현한 근대 국가 원리라고 할 수 있다. 따라서 우리는 마녀를 단순하게 대의를 위한 희생양이라거나 욕망의 대리물이라고 말하기 어렵다.

역사적인 범주에서 마녀에 대한 믿음은 사라졌지만 마녀라는 기표가 깃들었던 그 지점은 사라지지 않았다. 마녀 프레임은 계속 작동하고 있다. 이 지점은 무기력하게 방치됨으로써 언제든지 폭력의 대상으로 전락할 수 있는 비존재들이 머무는 처소이다. 이런 비존재들은 법에 존재하는 한계를 지정하지만 또한 법에 외부가 존재하지 않는다는 사실을 증명한다. 법은 '호모 사 케르'를 지목하는 것이 아니라 그 존재 자체를 잊어버림으로써 '날것의 생명'을 만들어낸다. 마녀사냥은 이 사실을 정확하게 보 여준다. 마녀사냥이 일어난 뒤에야 법은 사건에 개입할 수 있다. 군중이 법의 금지를 넘어가서 마녀사냥을 발생시킨다는 뜻은 아 니다. 오히려 군중은 법에 더욱 충실하다. 해당 사회에서 가장 밑 바닥을 차지하는 자들이야말로 가장 법을 철저하게 체득하고 있 다. '호모 사케르' 역시 마찬가지다. 이들은 법으로부터 배제되었 지만 오히려 그렇기 때문에 법이 가진 위력을 가장 절실하게 깨 닫고 있는 존재다.

마녀사냥의 현재성

현대까지도 끊이지 않는 마녀사냥의 생명력은 계몽주의 사상 이 겪은 실패를 간접적으로 시사한다. 계몽주의가 안고 있던 문 제점에 대한 지적은 프랑크푸르트학파를 통해 강력하게 제기

되었는데 이들이 주목한 것도 결국 마녀사냥을 계몽이라는 이름으로 종식시켰던 그 계몽주의 사상이 이성과 과학이라는 이름으로 세련된 마녀사냥을 자행했다는 역사적 사실이었다. 이에 대해 엘리자베트 루디네스코Elisabeth Roudinesco는 흥미로운 지적을 하고 있다.

> 나치즘은 한 국가가 어떻게 해서 계몽주의의 이상과 정반대 방향으로 작업한 끝에 타락하게 되는지 그리하여 어떻게 근본적인 악에 감금되는 막다른 길에 다다르는지 어떻게 과학을 도구로 삼아 인간성 자체를 말살하는지 보여준다. 또한 인류를 지배하기 위해 서구 문화가 끊임없이 물리쳐온 본능과 육체와 열정의 억눌리고 은밀하게 숨겨진 부분을 드러냈다. 도착적인 체제인 나치즘의 목적은 도착자 부족으로 지정한 이들, 그 무리 중에서도 다른 어느 민족들보다 더 도착적이라고 판단한 유대인을 제거하는 것이었다.*

---

*   엘리자베트 루디네스코, 『악의 쾌락 변태에 대하여』, 문신원 옮김, 에코의서재, 2008, 194쪽.

나치즘을 "도착적인 체제"라고 한 까닭은 "도착증이 지닌 다양한 얼굴의 국영화된 변형"을 끝까지 밀어붙였기 때문이다. 이 도착증은 억압을 '극장화'하고 자기 쾌락을 인준해줄 '아버지의 법'을 궁극적으로 설정한다는 점에서 배제적 논리를 내포할 수밖에 없다. 실제로 마녀사냥은 이런 나치즘의 심리 상태와 유사한 지점에서 유태인과 동일선상에 마녀를 올려놓은 것이라고 할 수 있다. 따라서 아도르노와 호르크하이머가 내린 진단이 옳다면 더 나아가서 아감벤의 지적이 정확하다면 마녀사냥은 중세에 일시적으로 발생한 광기에 기인한 사건이라기보다 근대 국가가 탄생함과 동시에 상존하게 된 공백에 더욱 가깝다. 근대성의 원리는 마녀라는 비존재를 상정할 수밖에 없는 것이라고 표현할 수 있다.

여기에서 마녀가 언제나 '시기envy'의 대상으로 현신한다는 점은 상당히 흥미롭다. 시기라는 감정은 내가 즐길 수 없는 은밀한 쾌락을 상대방이 즐기고 있다는 믿음에서 발생한다. 마녀에 대한 군중심리는 이런 감정과 무관하지 않았을 것이다.

요한 볼프강 폰 괴테Johann Wolfgang von Goethe의 『파우스트Faust』에도 마녀에 대한 묘사가 나오는데 당시에 마녀가 의미했던 문화적 함의를 적절하게 보여주는 사례라고 할 수 있다. 메피스토

펠레스와 파우스트는 발푸르기스에 도착해서 마녀 축제를 관람한다. 예부터 발푸르기스는 마녀들이 향연을 위해 모여든다고 전해지는 곳이다. 여기에서 주목할 것은 마녀 축제를 마몬이라는 황금의 악마와 연결하는 괴테의 시선이다. 마녀는 멈출 수 없는 쾌락의 주체로 『파우스트』에 등장한다. 이들은 미친 듯이 마몬이 주는 쾌락에 빠져드는 세속에 대한 알레고리기도 하다. 마몬은 농촌 공동체를 지배했던 가치 체계와 대립적인 화폐 교환 가치를 상징한다. 이 가치 체계는 중세 농촌 공동체를 지배했던 세계관을 붕괴시켜버렸다. 마녀에 대한 공포는 농민 계급이 안고 있던 불안과 관련을 맺고 있다. 괴테는 마녀와 대립하는 개념으로 '마녀 대장'이라는 남성을 등장시켜서 이렇게 노래한다.

우린 껍질 쓴 달팽이처럼 엉금엉금 가는데
계집들은 모조리 앞서 갔구나.
악마의 집을 찾아갈 때면
계집들이 천 걸음이나 앞서 가니까.*

* 요한 볼프강 폰 괴테, 『파우스트 1』, 이인웅 옮김, 문학동네, 2009, 256쪽.

단순한 여성 비하처럼 들리지만 역으로 생각하면 마녀 대장이 부른 노래는 욕망을 포기하지 않는 여성에 대한 공포를 드러내는 것이라고 할 수 있다. 위에서 인용한 바에 따르면 '속도'에 대한 진술을 살펴볼 필요가 있다. 남성 마녀 대장은 "달팽이처럼 엉금엉금" 기어가는 자신을 여성들이 앞질러 간다고 불평한다. "악마의 집"이라는 표현은 여성이 내는 속도를 비난하기 위한 사후 구성의 결과물이다. 괴테에게서 우리는 농촌 공동체에서 흐르던 시간과 다른 시간을 소유한 마녀의 특이성을 발견할 수가 있다.

자크 르 고프Jacques Le Goff가 언급했듯 중세 일상 세계를 지배한 시간의 준거들은 "다양한 사회 경제 제도에 근거한 다양한 사회적 시간 체계로부터 빌려온 것"이다.* 관점에서 "시간과 공간 계측은 매우 중요한 사회적 지배 수단"이었다. 당연히 농촌과 도시가 식량 할당량과 용량 계측을 놓고 싸움을 벌일 수밖에 없었다.

농촌과 도시가 서로 갈등하기는 했지만 중세 경제 체제는 농업이었기 때문에 시간관은 농촌에 근거했다. "농촌적 시간은

---

* 자크 르 고프, 『서양 중세 문명』, 유희수 옮김, 문학과지성사, 1992, 214쪽.

무엇보다도 장기 지속의 시간"이었고 "기다림과 인고의 시간이요 영속과 재개와 완만의 시간이요 설사 부동의 시간은 아닐지라도 적어도 변화에 저항하는 시간"이었다. 따라서 『파우스트』에서 그린 마녀는 이런 농경적 시간에 반하는 '변화'를 상징하는 존재이다. 떠돌이들은 농민을 증오했다. 골리아스라는 중세의 방랑 성직자들은 농민에 대한 증오를 서정시로 표현하곤 했다. 이런 정황을 놓고 보았을 때 마녀는 농민 계급에게는 안위를 위협하며 나타난 존재에 지나지 않았던 것이다. 상인 계급은 농민 계급이 품은 불안을 더욱 구체화하게 하는 색다른 체제들을 만들어내기 시작했다. 중세 내내 오직 신에게 속했던 시간은 상인에게 있어 시세 차익을 얻기 위한 훌륭한 수단이 되었다. 상인에게 시간이란 견디거나 지켜보아야 할 객관적 조건이었다기보다 재산이나 몸처럼 사람 구실을 하려면 반드시 갖추고 있어야 하는 소유물이었다. 『파우스트』에서 그려진 마녀는 이처럼 시간을 장악한 존재를 암시한다. 마녀 대장보다 빨리 악마의 집에 도달할 수 있는 마녀는 괴테에게 비친 근대성의 이미지였다.

정리하자면 마녀는 중세가 배출한 산물이라기보다 근대가

낳은 부수물이라 할 수 있다. 마녀는 아감벤이 말하는 '날것의 생명'을 극명하게 보여주는 비존재의 존재다. 법적인 보호를 받는 것처럼 보이지만 법적인 권위를 위해 실제로 방치될 수밖에 없는 사이의 존재 말이다. 법은 마녀에 대한 규정 이후에 등장한다. 이런 맥락에서 마녀는 법이 안은 한계를 드러내는 지점이자 자본-민족-국가라는 근대적 삼위일체에 고정될 수 없는 떠도는 과잉을 암시한다. 마녀가 마녀로 불리는 것은 이 때문일 것이다. 이런 까닭에 마녀에 대한 믿음은 사라졌지만 마녀사냥이라는 형식은 근대성의 유령처럼 언제든지 출몰할 수밖에 없다.

마녀의 귀환

유럽에서 마녀사냥은 17세기 말과 18세기 초를 거치면서 끝난다. 가끔 마녀사냥이 일어나기는 했지만 그 횟수는 점점 뜸해졌다. 그러나 이런 마녀사냥 감소는 지역별로 차이를 보였다. 네덜란드 같은 곳에서 마녀사냥이 드물어지던 시기에 폴란드에서 마녀사냥은 여전히 기승을 부렸다. 마녀사냥이 감소하는 추세는 일단 마녀사냥을 유발하던 원인들이 사라졌다는 것을 방증한다.

마녀사냥은 그 발생이나 소멸에서 갑작스러운 변화를 보인다는 점에서 특이하다고 할 수 있다. 물론 마녀사냥이 역사상에서 사라지게 된 원인에 대한 논의는 약간 복잡한 과정을 거쳐야한다. 마녀사냥은 개별적인 경우와 집단적인 경우로 나뉜다. 개별적인 경우는 개인적 원한이나 공포가 큰 작용을 했을 수 있지만 집단적인 경우는 훨씬 더 광범위한 사회적인 원인을 내장하고 있을 것이기 때문이다.

앞서 지적했듯이 마녀사냥을 비판하는 많은 사람은 마녀를 개별적으로 지목하고 판정하는 것에 대해 부정적이었고 자연스럽게 이런 생각들이 집단적인 마녀사냥에 대한 성찰로 이어졌다. 그러한 사고의 변화 때문에 마녀사냥은 물론이고 마녀를 재판하는 행위 자체가 종결되었다. 이 과정은 근대적 사법 체계 확립과 무관하지 않다. 사법 체계가 정립되면서 개별적인 마녀재판은 금지되었다. 개인이 마녀를 색출해서 판정하는 행위에 대한 금지는 상당히 의미심장한 것이다. 이 때문에 만일 사법부가 마녀재판을 거부할 경우 마녀를 심판할 수 없게 되었기 때문이다. 재판의 권리가 사법 체계라는 국가 장치로 이전됨으로써 마녀사냥은 공식적으로 사라질 수 있었던 것이다.

계몽주의가 출현하면서 사회적 분위기는 마녀사냥을 몽매한 행위로 규정하게 되었다. 마녀사냥이 사라지게 된 것은 이런 세계관이 변화한 것과 깊은 관련을 가졌다. 무엇보다도 이런 '과학적' 세계관은 마녀사냥의 원인이기도 했던 '마법'에 대한 회의를 불러일으켰기 때문이다. 마녀사냥이라는 집단적 공황 상태를 경험하면서 유럽 사회는 무고한 사람들에게 피해를 입히는 마녀사냥의 문제점에 대한 합의에 도달할 수 있었고 이런 오류를 반복하지 않기 위해 법적인 제도를 마련했다.

그러나 각성은 주로 엘리트 집단을 중심으로 이루어졌고 대중은 마녀에 대한 의심을 한동안 지속하는 양상을 보였다. 엘리트 집단이 먼저 법적이고 정치적인 조치를 취한 뒤에 이를 대중에게 강제하는 과정이 마녀사냥의 종식과 밀접하게 관련을 맺고 있는 것이다. 말하자면 '원초적 폭력'이 여기에 개입했다. 물론 이 과정이 엘리트에서 대중이라는 일방적인 방향으로 이루어진 것은 아니었다. 때와 장소에 따라서 대중 스스로 마녀사냥의 불합리성을 지적하고 마녀에 대한 판정을 반박한 사례도 있었다. 다음 진술이 그 사례다.

민중이 마녀 재판을 종식시킨 가장 좋은 예는 독일의 조그만 도시 린드하임에서 발생한 사건이었다. 1661년 이 도시의 시장 게오르게 루드비히 가이즈는 태어난 아기를 죽여 마술 연고를 만들었다는 죄로 산파와 6명의 여자를 처형했다. 시장은 또한 그 아이의 무덤을 파헤쳐 시체가 온전한 것을 보여주며 산파의 무죄를 주장한 아이의 부모까지 체포했다. 사냥은 계속되었고(모두 30명이 처형되었다) 부유한 방앗간 주인이었던 아이의 부친이 고문을 받는 지경에 이르자 도시의 분위기는 시장에 적대적으로 변했다. 방앗간 주인과 다른 죄수들은 감옥을 탈출하여 스파이어에 있는 제국 법원에 가이즈를 제소했고 제국 법원은 마녀 재판을 중단하라는 명령을 내렸다.*

이 진술이 중요한 까닭은 계몽주의와 민주주의 그리고 사법 체계 구축과 마녀사냥 소멸이 깊은 연관성을 갖고 있다는 사실을 간접적으로 증명해주기 때문이다. 공식적으로 마녀사냥

---

* 브라이언 P. 르박, 『유럽의 마녀사냥』, 김동순 옮김, 소나무, 2003, 316쪽.

은 금지되었고 마녀로 지목당해서 피해를 보는 일이 없도록 사법 제도가 마련되었지만 여전히 마녀에 대한 환상은 대중을 지배했다. 마녀에 대한 고발 건수는 18세기로 들어오면서 현저하게 줄어들었으나 마녀에 대한 농민들의 공포는 지속되고 있었던 것이다.

근대 국가가 등장하며 마녀사냥이 불가능해졌다는 것은 얼핏 들으면 계몽주의나 민주주의 그리고 사법 체계가 확립되면서 사람들 사이에 대오각성이 일어나고 그 결과 마녀사냥에 대한 성찰이 발생했다는 말처럼 들릴 수가 있다. 그러나 사실은 그렇지 않았다. 사법 제도가 일정한 궤도에 오르고 계몽주의와 민주주의가 새로운 세계관으로 등장하기는 했지만 마녀사냥을 금지한다는 공식적인 천명이 이루어진 것은 아니었다. 그보다도 법을 행하기 위한 절차적 합리성이 마녀사냥을 점점 더 힘들게 만들었다고 보는 것이 옳을 것이다.

예를 들어 어떤 사람이 자기 불행을 마법 탓이라고 생각하고 이웃집에 사는 한 여인을 마녀라고 지목한다. 과거 같았으면 주민들을 선동해서 이 여인을 마녀로 직접 재판할 수 있었겠지만 17세기 후반에 접어들면서 이런 권리는 더 이상 특정 개인에게 주어지지 않았다. 게다가 사법 제도가 갖게 된 합리성에 따라 재판관은 상대방을 마녀로 지목하려면 엄격한 증거를 제시하라고 요구했다. 물론 재판관이 취한 입장이나 태도에 따라서 판결 내용이 달라질 수는 있었다. 하지만 무엇보다도 판결에서 중요해진 것은 '눈에 보이는 증거'였다. 악의적 마술이 행해졌다면 이를 입증하기 위한 객관적인 증거가 필요했다. 마술을 부릴 때 사용했다는 도구 같은 것을 증거로 제출해야 했던 것이다.

마녀를 판별하기 위해 가장 중요한 근거로 제시되었던 '악마와 맺은 계약'에 대해서도 의심이 생겼다. 자백을 받아내는 것 이외에 다른 증거가 없다는 점에서 재판관은 마녀에 대한 판결에 신중할 수밖에 없었다. 이런 정황을 놓고 보았을 때 사법 체계가 직접적으로 마녀사냥을 금지했다기보다 사법 체계에 추가된 입증주의라는 새로운 판단 방식이 마녀사냥을 사라지게 만들었다고 보는 것이 타당하다. 말하자면 마녀사냥은 금지된 것이 아니라 다른 모습으로 근대 사회에 내재해있다. 마녀는 근대와 함께 사라진 것이라기보다 근대가 출현하면서 함께 숨어버린 것이다.

근대의 출현은 마녀를 다른 방식으로 규정했을 뿐이다. 마녀는 언제든 공동체가 위기에 처하면 호출될 수 있다는 의미이다. 누구라도 공동체가 필요로 할 때 마녀가 될 수 있는 조건이야말로 근대 사회가 갖는 특징일지도 모른다. 이런 까닭에 마녀는 끊임없이 현재로 귀환하는 유령 같은 존재이다. 근대 체제를 구성하는 공백으로서 마녀라는 기표는 어떤 내용으로도 채워질 수 있는 텅 빈 형식으로 우리 곁을 배회하고 있다. 마녀 프레임이 우리의 인식에 여전히 영향을 미치고 있는 것이다.

마녀는 그 누구도 아닌 우리 자신이다. 책을 쓴 까닭은 이 사실에 대해 함께 고민해보자는 취지였다. 단순하게 마녀의 역사에 대해 기술하는 것이 아니라 마녀가 어떻게 만들어지고 마녀 만들기의 정치성이 무엇인지를 밝히는 것이 목적이었다.

마녀는 근대의 출현과 밀접한 관련을 갖고 있다는 것이 나의 생각이었다. 마녀는 자기 정체성 또는 동일성을 획득하기 위해 배제되어야 하는 존재였다. 중요한 것은 마녀라기보다 마녀라는 범주다. 마녀라는 범주는 비존재의 존재성이라는 공백의 이름으로 근대 세계로 편입되었다. 따라서 우리 모두는 마녀며 동시에 마녀 심판자다. 마녀로 지목 당하지 않기 위해서 필사적으로 마녀를 지목해야 하는 운명에 놓인 것이다.

마녀 프레임은 이런 근대의 원리를 설명하기 위한 하나의 근거다. 마녀를 규정하는 방식은 자의성과 상황성에 크게 의존한다. 말하자면 특정한 규칙 같은 것이 없다고 할 수 있다.

마녀는 우연한 사건을 계기로 논리적으로 발명된다. 따라서 마녀사냥은 군중심리를 등에 업긴 하지만 그 군중의 행동을 이끌어낼 이유를 만들어내야 한다. 우연히 가축이 죽든지 아니면 이상한 기후현상이 나타났을 때 군중은 공포에 질려 동요하게 마련인데 이 공포는 특정 사건을 이해하지 못하기 때문에 발생한다. 이런 무지를 극복하기 위한 하나의 방편으로 발명되는 것이 마녀다. 넓게 해석하면 음모 이론도 마녀사냥과 유사한 논리구조라 할 수 있다. 음모 이론은 세계에 대한 이해에 도달할 수 없을 때 발생한다. 당연한 말이지만 세계를 완전히 이해한다는 것은 불가능하다. 끊임없이 이해는 다른 이해를 요청하게 되어 있다. 해석의 개방성을 허용하지 않으면 마녀사냥의 원리는 형태를 달리해 언제든지 되풀이해서 나타난다.

마녀를 없앤다는 것은 불가능하다. 너무도 명확한 이 사실 때문에 중세에서 근대로 진입하던 시기에 출현한 서구의 바로크 문화는 악의 근원을 제거할 수 없다는 비관주의를 품을 수밖에 없었다. 셰익스피어의 『햄릿*Hamlet*』에 등장하는 왕자는 바로 이런 비관주의의 인격화였다. 햄릿은 어머니의 죄를 의심하고 그것을 세계의 타락과 동일시한다. 햄릿을 확신에 이르게 하는 계기는 아이러니하게도 아버지의 유령을 만난 사건이었다. 유령을 통해 현실을 판단하는 과정이야말로 마녀를 지목하고 처형하는 논리를 그대로 보여준다. 이런 논리는 사법 체계에 근거한 근대의 합리주의와 공존할 수 없는 것이었다.

마녀는 규정할 수 없는 현재의 위험을 해결하기 위한 방책이다. 감시 카메라의 역설 같은 것이 여기에 있다. 강력 범죄에 대한 공포로 너도 나도 동네에 감시 카메라를 설치하게 만드는 상황은 마녀를 만들어내는 그 심리를 고스란히 보여준다. 결국 감시 카메라는 만인이 만인을 감시하는 사회를 만들어낸 셈이다.

우리는 또 다른 우리에게 항상 감시당한다. 마녀의 존재는 공동체의 구성원에게 마녀로 지목 당하지 않기 위한 금기를 낳는다. 공동체의 윤리가 공포의 기제로 작동하는 것이다.

공동체의 규율을 어기고 이상한 행동을 한다면 곧바로 마녀로 몰려 고문을 당할 수도 있다. 잔인하게 마녀를 몰아세울 수록 자신은 안전하다.

또 마녀는 공동체의 안전을 유지하기 위한 방책이기도 하다. 개인의 일탈이 공동체에 가져올 위협을 사전에 제거한다는 효과도 누릴 수 있기 때문이다. 마녀사냥이 가치관의 혼란과 함께 극성을 부렸다는 사실은 흥미로운 특징이기도 하다.

이런 점은 비단 서구 사회의 특정 시점에 한정되는 것이 아니다. 경제발전과 민주화라는 근대화를 빠른 속도로 통과하고 있는 한국 사회의 경우도 마찬가지다. 근대 사회의 성립과 마녀의 출현이 무관하지 않다는 증거를 한국 사회의 '인터넷 마녀사냥'에서 확인할 수 있다. 악을 제거하려는 군중심리가 맹렬하게 작동하면서 인터넷이라는 상호감시의 공간에서 언제든지 누구라도 마녀가 될 수 있는 조건이 구축되어 있다. 매체의 발달은 정보 전달의 속도를 드높인다. 과거 인쇄 매체의 발달이 그랬듯이 인터넷의 확산은 시공간의 동시성을 강화한다. 하나의 사건이 발생하면 일파만파로 순식간에 퍼져나가 버리는 것이다. 사건의 진위는 중요하지 않다. 사건의 출현이 핵심이다. 일단 인터넷 공간에 나타나는 한 상황은 종료한다. 이런 마녀사냥을 제지할 수 있는 것은 과거의 경우와 마찬가지로 입증주의에 기초한 사법 체계다.

　이처럼 마녀사냥의 특징은 오늘날 한국 사회에서도 반복되고 있다. 이것이 마녀의 보편성을 증명한다. 마녀는 근대의 정상성을 확립하기 위해 필연적으로 배제될 수밖에 없는 '날 것의 생명'을 지칭하는 은유인 셈이다.

　마녀는 단순한 희생양이라기보다 근대 사회의 문제를 돌아보게 만든다. 사회를 지배하고 있는 정상성의 범주를 반성하게 만드는 중요한 계기가 바로 마녀의 출현이다. "너는 마녀다"라고 지목하는 그 순간 너를 배제한 우리는 정상성의 윤리를 획득할 수 있겠지만 그 사회가 만인을 위한 것이라고 말할 수 없을 것이다.

　마녀를 새롭게 바라볼 수 있는 관점은 다른 세상을 꿈꾸기 위해 필수적이다. 마녀는 우리만으로 만들어낼 수 없는 다른 세상을 상상하게 하는 타자의 얼굴이다. 타자는 언제나 우리에게 괴물의 형상으로 등장하지만 한편 우리가 가지고 있지 않는 새로운 것을 의미한다. 과거의 마녀가 중세인의 세계관으로 이해할 수 없는 새로운 세계의 출현을 예견하는 것이었다면 현재의 마녀 역시 우리의 시각으로 받아들일 수 없는 새로운 문제를 말해주고 있다.

누구나 마녀가 될 수 있기 때문에 마녀는 다시 사유되어야
만 한다. 그 사유를 통해 비로소 우리는 현재를 벗어날 수 있는
출구를 내면에서 발견할 수 있을 것이다.

마녀 프레임

마녀는 어떻게 만들어지는가

© 이택광, 2013

초 판 1쇄 발행 2013년 2월 20일
개정판 1쇄 발행 2023년 2월 28일

지은이   이택광
펴낸이   정은영
펴낸곳   (주)자음과모음

출판등록   2001년 11월 28일 제2001-000259호
주 소   10881 경기도 파주시 회동길 325-20
전 화   편집부 (02)324-2347, 경영지원부 (02)325-6047
팩 스   편집부 (02)324-2348, 경영지원부 (02)2648-1311
이메일   inmun@jamobook.com

ISBN 978-89-544-4880-2 (03300)